庄市老街

金燕 主编

文匯出版社

春水微澜过街河

阴德祠

阴德祠修缮后，报本堂南面重建了戏台

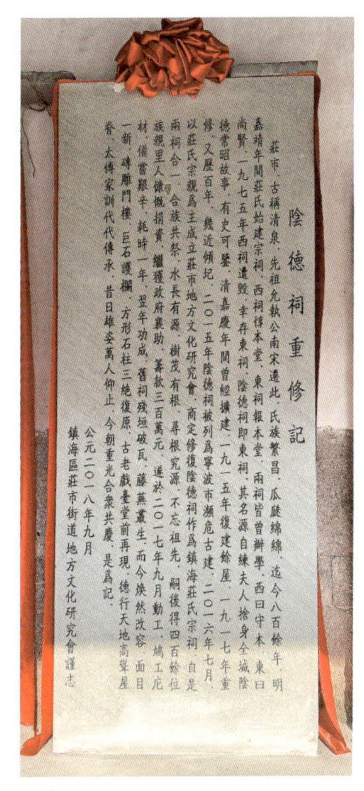

陰德祠重修記

莊市，古稱清泉，先祖允執公南宋遷此，氏族繁昌，瓜瓞綿綿，迄今八百餘年。明嘉靖年間莊氏始建宗祠，西祠惇本堂，東祠報本堂，兩祠皆曾辦學。西曰守本，東曰尚賢。一九七五年西祠遺毀，幸存東祠，陰德祠即東祠，其名源自練夫人捨身全城陰德常昭故事，有史可鑒。清嘉慶年間曾經擴建，一九一五年復建餘屋，一九一七年重修。又歷百年，幾近傾圮。二〇一五年陰德祠被列爲寧波市瀕危古建。二〇一六年七月，以莊氏宗親爲主成立莊市地方文化研究會，商定修復陰德祠作爲鎮海莊氏宗祠，自是兩祠合一，合族共祭，水長有源，樹茂有根，尋根究源，不忘祖先。嗣後得四百餘位族親里人慷慨捐資，繼獲政府襄助，籌款三百萬元，遂於二〇一七年九月動工，鳩工庀材，備嘗艱辛，耗時一年，翌年功成。舊祠殘垣破瓦，藤蔓叢生，而今煥然改容，面目一新。磚雕門樓，巨石護欄，方形石柱三絶復原，古老戲臺堂前再現，德行天地高聳屋脊，太傅家訓代代傳承，昔日雄姿萬人仰止，今朝重光合衆共慶，是爲記。

公元二〇一八年九月

鎮海區莊市街道地方文化研究會謹志

阴德祠重修碑记

后新屋大夫第

老街一隅

外国友人在庄熙英老宅过重阳节

三眼桥南堍的全兴行，经历过百年沧桑

138年前这里有个镇安水龙局

止所门头和瞭望塔

新建崇正书院

一面面碑记是庄市三百年的教育备忘录

老街共郭郭，昨日与今天

莊市小學
豆腐坊

漆
米糧店
醬園

序

老街是旧时居住在其中和周边百姓生活不可或缺的场所，从柴米油盐酱醋茶这开门七件事，到生活用品添置、头痛脑热治疗、理发修补做衣服等等，都离不开老街。若单纯用商品交易概括老街的功能和历史地位，那委实欠亏了老街。老街不仅存在于物质结构，更具精神品质，凡老街必历史悠久积淀深厚，它是地域文化的凝固、传承和集中表现。

老街在中国南北皆有，但地域特征鲜明。江南的老街，依托船载水运，多是临河亲水的格局。这种方式在黄河流域就极为少见。同样，北方那种以车载马驮赶大集的流通方式，也不适用于水网交错的江南。生活生产方式千百年的固化延续，老街形成了自己的地域文化。庄市老街肇始明清，盛于清末民国。出宁波北门，庄市曾经是宁波东北郊甬江以北区域最大的集镇，集镇的核心是一条被称为庄市老街的街市。全盛时期的庄市老街，临河数百米长，各色店铺挨挨挤挤。逢集市日子，来自周边或临县的舟楫衔头结尾密密匝匝，泊在街河埠头。一声声吆喝中，奉化的山货、竹器、余姚的陶罐瓷碗、慈溪的农副产品都在这里集散，远远近近流入千家万户。

庄市是宁波商帮的摇篮。从这片土地上，走出过宁波帮先驱、沪上“五金大王”叶澄衷，“汉口头号商人”宋炜臣，孕育过“世界船王”包玉刚、影视巨擘邵逸夫等历代宁波帮代表人物。这片土地之所以精英荟萃，除了他们打小就蒙受浙东学派，尤其代表人物黄宗羲等倡导的“经世致用、工商皆本”学说的熏陶，老街传统的民族商业操守和西风东渐的外来商业文化影响也功不可没。

遥想在1853年某个早上，庄市少年叶澄衷在母亲千叮咛万嘱咐中，从老街的河埠头上船，前往开埠不久的上海。流水静深，桨声欸乃。故乡和母亲渐行渐远。多年以后，老街成了故乡留给叶澄衷最难割舍的记忆。这样的少小离家愁绪，不单叶澄衷独有，而是宁波开埠以后，一代代庄市离人心头的惆怅。近百年间，一批批庄市人外出创业，老街的船埠头就是他们闯荡上海、走向世界的启碇港。家乡那条老街，是庄市宁波商人最初也是最后关于故乡的记忆。在他们的心中，老街的分量不比上海的南京路、香港的皇后大道轻。江河万里总有源，树高千尺须有根。对从庄市走出去的海外游子来说，庄市老街就是他们的“源”和“根”，是他们心目中故乡的符号，是终生难忘的乡愁。

老街的式微始于20世纪中期，城乡二元结构、计划经济、人民公社化既改变了人们的生产生活方式也改变了老街的功能和格局；进入改革开放年代，工业化、城镇化和随之兴起的造城运动，老街进一步被淡化，和周边高楼林立的城郭一比，就明显地看出了老迈皮相。这些年，一些旧景物逐步被新景象所替代，随之而来的是老街的昨天淡出了人们的记忆，随着时间流逝许多的历史遗存也已经漫漶不存。当传统村落逐渐被现代社区覆盖，古旧老街慢慢被时髦商城替代时，一个紧迫而重要的问题也就摆在了我们面前：旧村落旧街景可以消失，但是我们不能也不应该让传承数百上千年的历史文脉终结。

庄市街道党工委撰写出版《庄市老街》，意在发掘抢救正在消失的历史文化遗产。事实上，进行这一项文化补救工程已经非常紧迫，老街的格局在改变，建筑在颓圮，旧时的景物渐行渐远。与此同时，那些曾经生活在其中的人也已在耄耋之年，他们的记忆或许就是老街最后的印象了。趁着这些当事者健在，让他们回忆老街的来龙去脉、昔日旧景、百行百工、社会轶事，并把它记录下来，就显得非常必要而紧迫了。即使如此，《庄市老街》对于庄市这个有着千年历史的古镇来说仍是挂一漏十的升斗之作。近现代的庄市在工商、教育、医疗、公益诸方面曾经开一时风气，产业兴旺，人才辈出，所影响已不囿于浙东一隅。至于乡绅反哺乡梓，兴学育人，置业富家，公益福利，参与家乡社会治理，更是有口皆碑影响深远。

建筑是凝动的音乐。面对这首传唱了几百年的老歌，我们有感而发，老街曾经有过他自己的引吭高歌，今天我们有义务再为他续写一首副歌。

编写《庄市老街》直接的目的就是保留历史文化，也为日后庄市以老街为首发，有计划地系列性地发掘庄市地域文化，打造庄市商帮文化旅游亮点提供可资借鉴的蓝本，希望《庄市老街》能承载这份文化价值。

是为序。

金　燕

［作者系镇海区副区长、庄市街道党工委书记、大学科技园党工委书记、管委会主任（兼）］

目　录

地理交通篇

庄市忆，最忆是老街 …… 002
古老的街河 …… 014
从老街出行 …… 019
舍南舍北皆春水 …… 026
八千人家桥边住 …… 034

人文篇

始于1884年的救火会 …… 042
不绝书声三百年 …… 052
盛极一时的中医药 …… 060
清贫年代的露天电影 …… 069

邮政事业的先行者 …… 079
老街：乡村邮路的原点 …… 087
止所门头：富商居、名医门、瞭望台 …… 095
曾经的精神家园 …… 099

工商业篇

江山代有才人出 …… 110
水作原是人间苦 …… 121
供销社：计划经济的弦歌 …… 128
跻身非遗的庄市长面 …… 137
“顶上功夫”剃头匠 …… 146
制绳：老街上的偏门产业 …… 154

人居篇

老街的烟火 …… 166
犹忆“大树下” …… 180
岁月风华今犹在 …… 184

跋 …… 195

地理交通篇

庄市忆，最忆是老街

庄市老街

庄市是宁波市东北郊甬江之畔的一个古镇，襟江望海。庄市历史悠久，早在两千多年前的春秋时期，就有先民生息繁衍于斯。

傍水而居是先民生存的第一法则。这个特点在江南每一处古镇都有鲜明的体现。

庄市水网交错，生产生活依靠行船航运，但水系都是细小的河道和水漕（庄市人称池塘为漕），和外水系不通，陆上交通也不发达，走不远成了庄市人的一块心病。

1719年，也就是清康熙五十八年，庄市发生了一件改变命运的大事情。是年当地士绅筹资将散布于集市及周围的九条水漕进行疏浚、归并，拓宽后的河道南接浜子港，北连横河，与甬江大水系沟通。

河道修浚，当地人自此开始驶船远行，老街与外面的交流一下子就变得通畅便捷。本县河头、汶溪等山区乡亲可远道而来，木船装山货、柴薪驶来，卖掉以后换回油盐酱醋等日杂用品返回。水路的沟通，大大激发了商机，周边的商贾纷纷到庄市做生意。每日里，街河道头（码头）停满了大小船只，方头大船装着蘑菇、蔬果，来自奉化、慈溪；乌山船装着碗盆缸坛，来自余姚……这个改变给这个小小的集镇带来了深远的影响。很快河两岸便建起了埠头，大大小小的船只，从远地而来，停靠在河埠头，上岸交易。

这条交通水道转眼间就成了贸易水道，两岸商埠鳞次栉比，人流穿梭，买卖兴旺，庄市老街因此成为宁波东北部重要的货物集散地。

庄市街河的开通，改变了农业社会传统老街老巷以祠堂、院庠、府邸为主的格局，转而成为了以商铺为主的生意场。由河而兴市，市荣而成街，这便是庄市老街的由来，也就是小镇庄市最近300年来的嬗变轨迹。

庄市有文字记载的历史始于北宋。庄市庄姓本姓章。北宋皇祐四年（1052），章氏先祖章隐之任定海（即今镇海）县令，其曾孙章允执娶唐氏为妻，遂居清泉（庄市）。及至南宋，章姓人口已逾八百，集市成形。因章姓人口居多，集市故名章市。明洪武十四年（1381），为避明太祖朱元璋之讳，章姓改为庄姓，集市遂以庄市名之。章氏一族在此生衍，开枝散叶。从宋再经元、明、清、民国，至今已近千年。

庄市地处镇海西南，所谓“庄市老街”，传统上指的是浜子港以南、官仓港以西、路林港以北、陈倪大河以东这三四平方千米的区域。在这四边河道中间，自东北向西南还横亘着一条“街河”。狭义上的“老街”就是指沿街河两岸的居民聚居区。两岸人居东北这一侧多于西南侧。东北侧依次有汤家、庄市、胜隆三个行政村及庄市居委会。居民聚居地有汤家、河湾张、东南村、庙桥头、止所门头、凉亭弄、后斛屋、后河头、洋衙弄、横街弄、三房弄、中央漕、后新屋竺家、六份头、照漕跟、后道场、大堂前、墙脚下、日房弄、八四房。街河西南人居则少了些，有庄爱房、裕顺行弄、祥裕弄、全兴行、三眼桥下、大方桥下……这些地方的居民基本上是由庄市村、胜隆村的农民和庄市居委会的居民杂居在一起。

庄市老街在雍正年间已是双面街，长可三华里。20世纪50年代初，庄市镇的镇域也就是如此大小，人口数千。人民公社化之后，并入了相邻的汉塘、万加公社，地域扩大，形成了后来庄市二十九个大队（村）几万人口的格局。

老街两侧，一侧热闹非凡，另一侧则相对冷清。两岸有五桥沟通，车行人往都极为方便。这五座桥分别是庙桥（头）、广济桥（凉亭桥）、裕吉桥、三眼桥、大方桥。以街河为界，河东北面以民居为主，有三条自然形成的弄堂迤逦向西南延伸，均有桥接通西南街市，分别是广济桥连接凉亭弄、裕吉桥连接洋衙弄、三眼桥连接横街弄。而连接街河两岸主弄堂的则是裕吉桥，这座桥相连的是祥裕弄。

老街店铺林立，货色繁多，有染坊、棉布店、制鞋店、轧米厂、打铁铺、棺材店、剃头店、当铺、修理铺、裁缝店、香烛店、镴器店、竹器店、文具店、南货店、药店、杂货店、咸货店、豆腐店、点心店、水果店、糕饼店、肉店、米店、酱园等等，老百姓的生活所需一应俱全。

各类食品店是老街的主角，如果做个分类统计，大类有南货、腌菜、酱料、米面、熟食、食铺、水果、菜蔬种种。像南货店，就有阜生、南方、同兴、洽和等店号；酱园则有元润、盛裕昌、勤昌、屠福缘等招牌；庄元丰、一品香、钟全宝、顾万春这些则是大饼店的招牌。还有朱庄记、童顺昌、金祥泰，这些是咸货店，永昌、庄丰号是水作（豆腐）店，至于彩牌楼饭店、合记面点、张芝记肉店、董利荣水果店、张记糕饼店、王永利糖果店，一看就知道主营是什么了。

手工业作坊是庄市老街的一大特色。当年，在老街北街就有多家裁缝店，以及吴生钿打铁店、胡冬竹鞋店、张万利修理店、姚阿毛镴器店、夏记篾竹店等等。

营生久了就必有翘楚，长面就是庄市的名特产。老街三眼桥下全兴行后面，有一个专门制作长面的工场，其长面制作技艺多为代代相传。现在有据可查的早期长面师傅叫庄天成，是地道的庄市人。别看做长面简单，但是要做好却非常不易，长面制作工艺非常烦琐，要经过揉粉、闷缸、搓条、盘缸、拉长等十多道工序。而且，根据天气不同，采用不同的制作方法。这项技艺传承至今仍然后继有人，庄市长面，已经作为一个品牌，打响宁波各县区市场，甚至远销到上海、杭州等地。

商业繁荣给老街带来了大量的人流，也带来了其他行业的跟进。到清同治、光绪年间，庄市老街的中医中药比翼齐飞，一批悬壶开诊的中医郎中和卖中草药的药铺集聚于此，规模效益渐次呈现，终于对周边形成了虹吸之势。中医郎中坐诊老街，名声较大有孟河先生、阿竹（朱行琛）先生、周志良先生。药铺有名的就有谦益斋、寿康斋、范滋德、同春堂、益寿堂等。一些药铺经营数代，声誉深入人心，其中谦益斋药铺赓续悠长、名闻遐迩，到20世纪50年代已传世第四代。

促成庄市老街的繁华，除了挨挨挤挤的商铺，还有街河两岸此起彼伏叫卖的摊贩。每天早上，附近的农民和商贩就挑着担子赶往老街，他们把自产的或趸来的新鲜蔬菜、瓜果运到老街兜售。遇到赶集日，四乡八村的人们船运车拉肩挑，汇聚老街交易，从早到晚老街处处人头攒动，热闹非凡。不过，比起卖水产的商贩，叫卖蔬菜的商贩就显得小儿科了。庄市的水产颇有特点，因为靠近甬江口，集市上不乏透骨新鲜的大黄鱼、墨黑发亮的乌贼、各式各样的小海鲜。而且，因为有发达的河网，庄市的河鲜也四季不断。所以，在老街地摊上看到活蹦乱跳的淡水鱼以及水产珍品河鳗、甲鱼并不稀奇。这种现象，一直到20世纪80年代仍不鲜见。后来随着新菜场的建成，老街的路边摊点才退出了市场。

庄市地理上处于中枢位置，除了货运，还有专营客运的船只。庄市周围百姓上宁波去镇海都从老街这个码头走。当年，就是在这个码头，去上海讨生计的宁波帮前辈，一批批从这里坐船转道镇海、宁波，而后从镇海或宁波搭乘海船北上上海的。

人走了出去，赚了钱，便要在家乡置办产业，这是中国人的传统。在清末民初那个风云际会的大时代，走出去的庄市人又带着下一辈的庄市人继续往外走，几代人下来，赚的钱就源源不断往回流，街面上的房子也就一座座建起来了。这些房子最大的一个特点就是中西合璧，马赛克、玻璃、瓷砖、罗马柱和清水墙、石库门联袂出场。所以，庄市老街东西方文化兼具兼容。在老街及周边，不仅有民间传统文化的祠堂、庙宇、庵堂等标志中国文化的场所，也有代表西方外来文化的教堂等建筑。庄市耶稣教堂坐落在老街北街庙桥头下，始建于1931年，发起人系庙桥头做鞋师傅汪锦荣和老应湾人董阿来，他俩是庄市地方基督教最早的传播者。其后，毕业于沪江大学的董财章作为传教士接管教堂，西方的基督教就这样在庄市有了一席之地。庄市虽然位处浙东农村，却早在民国之初已西风东渐，老街就有了邮政所、学校、医院等现代公共服务设施。

中国古代建筑用材多为砖木，失火就成了最大隐患。庄市老街建筑多造马头墙，一旦失火可阻断火势蔓延。但这毕竟是亡羊补牢之策，在这样人多建筑密集之地，预防和及时扑救更为重要。于是，老街就有了一处高高的瞭望台，视野开阔，可以看到远处老街的外围，这就是望火台。台上每天都有人轮值守望，尤其是天干物燥的时节。一旦发生火情，望火台便发出警报，各地闻风而动，火龙队马上出动。火情大于天，这时候满街的人都紧张，提桶挑水前来灭火，见有火龙队过来更是早早避让。

老街不只是生意场，也是一个活色生香的小社会。

老街东北角有一座始建于南宋的西梢木庙，庙内供奉着民族英雄张世杰的塑像。张世杰与文天祥、陆秀夫同为宋末三杰，为什么滨海小镇庄市会供奉他呢？这其中是有一段渊源的。宋末元军南侵中原，朝廷兵败南溃，张世杰率军一路护卫，一度驻守定海（即今镇海）。已投降元军的卞彪前来劝降，张世杰在巾子山将其斩杀。随后一路护卫朝廷南下，崖山之后溺水而亡。张世杰被后世称颂为崖山大忠，各地多有庙供，西梢木庙就是其中之一。庙宇规模很大，有前中后三个大殿。庙内石雕木雕工艺精致，当时香火很旺，许多善男信女经常前来朝拜。老街上还有一座耶稣教堂，每逢星期日，教徒就前来礼拜，悠扬的赞美诗和着管风琴声飘荡在老街这块传统的中国社会的上空，是那样的与世迥异，却又因为存在日久而习以为常。

初一、月半是庄市两个固定的庙会。彼时老街游人如织，比肩接踵。遇到二月十五、七月十五更有规模盛大的“行庙会”，这两日就有远邻慕名而来，老街于是被人山人海挨挤得水泄不通。投入“行庙会”的人不只是看客，也是角色，或抬阁，或踩高跷，扮着白娘子、许仙、梁山伯、祝英台，有模有样地在老街巡游，个个兴致盎然。老街的庙里筑有戏台，戏台使用率极高，差不多三四天就有一场演出，全年就有百余场。这么多演出都师出有名，其中名堂甚多，诸如菩萨生日戏、传统节日戏、善男信女还愿戏、祝寿戏……更有一些由头任你如何凭空想象却也是想不到的。譬如，因触犯乡约民规罚款请戏班做戏，吵架打人受罚出钱做戏，等等。庙会和演戏是中华民族的民俗文化，在漫长的耕读时代肩负着传播良知、辨明善恶是非的教化功能，这一形式在庄市老街同样盛行了百多年，为这个商贾流动的场所平添了一分人文气息。

千百年来庄（章）氏人家在此繁衍生息，积淀了深厚的人文底蕴。而宗亲文化则是其核心。今天，人们在老街仍可以看到一座规整的祠堂被完整地保留了下来，这就是庄氏的家祠——阴德祠。在漫长的帝制时代，君臣父子是纲常，是维系社会秩序的重要手段。因此，在社会层面上，就固化了宗亲一家的传统。这是古代中国人的家庭维系、延续方式也是社会结构方式。祖先崇拜、敬奉祖先的办法就是建立家族祠堂，在重要的节日全家齐聚起来祭祖。祠堂设有神龛，供奉着历代祖宗灵位。阴德祠主供的是庄氏祖先章仔钧公的夫人练隽（即练夫人）和历代祖先。因为练夫人的仁义之举，福建建州免遭屠城大祸，一郡十万生灵因此得以存活。祠内有大量楹联，内容多为颂扬练夫人的大仁大义。这样的情况，出现在男权占主导地位的社会中，是很

少见的。

庄市老街上有一所历史悠久的小学校，就叫庄市小学。明清以来，庄市人深受浙东学派影响，重商贾不废耕读。康熙年间兴办崇正书院，教育子弟读圣贤书，兴学重教的传统由此肇源。清末西风东渐，宁波又是五口通商之地，新事物源源涌入，其中就有对后世影响深远的新式学堂。庄市得风气之先，也由私塾改制为学堂，肇启近现代课堂式教育模式，此时的中国凡时兴私塾改学堂的，都选择以庙庵祠堂为教室，这是当时的一件新鲜事情。庄市老街原来有一座罗祖庵，在这情势下也改建为崇正书院，古老的读书种子有了一畦新地，由此，朗朗读书声给市井老街吹进了第一缕新文化的气息。到光绪三十二年（1906），崇正书院更名为崇正两等小学堂，到民国十七年（1928）又定名为庄市小学，地点就在老街广济庵。

从响应朝廷颁令家塾改学堂，到设立新的教育制度，到引入现代科学知识，到培养学生的环球眼光，宁波人在中国的近代化道路上一直走在前列。小镇庄市更是一马当先。一时间，兴学办教育、启蒙育新人，为社会贤达所热衷。有一所小学校起名叫韧初，一看校名便知其开蒙之意。在新学中，中兴学堂（其前身为叶氏义塾）最为成功，与上海澄衷中学同为庄市乡籍上海巨贾叶澄衷所办，叶氏中兴学堂培养了包玉刚、包玉书、邵逸夫、赵安中一众宁波帮人物，学堂也获得了“江南第一学堂”的称誉。

进入新世纪以后，随着内河水运式微，庄市老街的功能虽然成为了过去式，但是老街作为一段古老的浙东乡镇历史，依然有着其独特的魅力。走在今天的庄市老街上，你或许看不到曾经的繁华，感受不到当年的车水马龙，但是不经意间，你会发现那些民国甚至于清朝的老屋，可以寻觅到经历上百年风霜雨雪的河埠头和老桥。回望过去，这些已经成为了文物的的遗存旧物，每一处都上演过一段不一般的故事。庄市老街，就是一本尚待打开的史书，只要你能深入其中，就一定会有收获。

近代庄市是宁波帮重要的发源地，也是浙江著名的侨乡。百余年来，从庄市走出去的宁波帮人士在竞争激烈的中外经济舞台上长袖善舞、独领风骚，涌现出宁波帮先驱叶澄衷、近代民族工业精英宋炜臣和世界船王包玉刚、影视巨擘邵逸夫等一大批近现代商界精英。

汉塘市街

从庄市老街往东南走大约4千米路程，便来到了庄市另一处老街汉塘市街。汉塘市街的雏形始于南宋，至今已有700多年的历史了。

汉塘市街是一条东西走向不足二里的双面街，四围有汉塘、冯家、余家、张家、田野王、贺家桥等自然村落，老百姓居家过日子在这里就近购物。汉塘市街鼎盛时，也曾店铺林立，当铺、中药店、百杂店、酒店、客栈、米厂……有近二十家商铺依次布陈。除了店铺，老街还是附近村民买卖农产品的交易地。每天清晨，附近农民肩挑自产的禽蛋、果蔬等农产品到街上摆摊售卖，也有商贩批来鸡鸭鱼虾做生意。所以，老街的早上都非常热闹。

一直以来，当地人都传说汉塘市街是一条头西尾东的龙，龙头在恒益杂货店前面，龙尾甩在东面河中，左右两只圆形漕，名曰“龙眼漕”。传说是虚幻的，而老街是真实的，这里的人生于斯长于斯，一举一动都和老街关联。正月里，老街闹船灯、龙灯，携年后的余兴，四邻八舍图新鲜凑过来看热闹，这时候街上的人就多了，信步老街优哉游哉，成了一幅江南市镇的浮生图。逢二月半、七月半，是民俗的重要节庆，人们照例来集会，以老街为中心“行会”，请来的戏文班子就在庙里做戏，台上唱念做打，台下喝彩连连。或是熏染久了的缘故，艺术细胞被激活了，他们当中一些人爱上了戏剧，干脆直接下海唱上了。20世纪50年代，汉塘村群众自发成立了一个“三七剧团”，这期间的戏曲演出更是频繁。在这同一时期，老街原来供奉青帝太昊的东岳宫改为了学校，寂静肃穆的圣贤礼堂突然间传出了学童的朗朗读书声和天真

顽皮的嬉闹声，数百年的老街顿生勃勃活力和生机。

在陆上交通落后的年代，人们出行、生产运输首选便利的内河交通。老街东面的汉塘河，千百年来就是当地百姓出行的唯一通道。民国以后，宁波至镇海每天有两班定时的航船往返，途中停靠汉塘河埠头，载客上下货物。汉塘河中有一种乌篷船，两头收束，高高翘起，搭黑色篷遮风挡雨，那个样式很像威尼斯河里的“贡多拉”。当地人把乌篷船称“倒撑”，可见其行驶转向的灵活。每有大船停靠，一时间河道里便是灵巧的“倒撑”鱼贯而来，纷纷招揽生意，转货上人后迅即离去，满河道又是鱼贯而去的乌篷船。这种用作短途载客的小船来回穿梭，曾经是汉塘河一时的风景。

随着历史变迁，陆上交通渐渐发达，取代了水上交通，靠水路兴旺的汉塘市街渐渐式微，加之一度时间市场经济的萌芽被当作资本主义尾巴给割掉了，不允许农民买卖商品。以生意而兴隆的汉塘街市，到了20世纪70年代终于彻底冷清了，老百姓照旧过柴米油盐的日子，但和老街越来越疏离了。到21世纪初，随着城镇化步伐加快，汉塘市街在短短时间内就被整体拆迁，地面上已了无痕迹。今天，这爿存在了700年的老街还存在于人们的记忆里，若干年后，怕是就永远被遗忘了。

万嘉老街

庄市另有一处老街叫万嘉街，位置在庄市老街西南5千米处。这爿老街得名是因为旁边有一座桥叫万嘉桥。这万嘉桥的来历就更为久远了，起先叫范家桥，后名罗家桥，从这些名称的变化大体上可以推断在漫长的时光里，桥周围的人居发生了怎样的变化。一度时间，此桥还曾名憩桥。改了一个不以姓氏命名的文艺范儿的名字，这其中又有怎样的因缘就不得而知了。到了清代光绪四年（1878），这座有着悠久历史的桥梁被再次重修，竣工后新桥被定名为万嘉桥。

万嘉桥的旁边就是万嘉街。

因了万嘉桥的名气，万嘉街也出了名。这是一条约一里长的临河单面街，街上店铺都坐北朝南，街南面是著名的镇海母亲河中大河。中大河是一条贯穿宁波、镇海和骆驼镇的水上航线，当时每天有两班客货兼用的定时航船来往宁波、镇海间，航船驶经万嘉街，就在万嘉河埠头停靠上下货物客人。与汉塘市街一样，这里河中也有乌篷船为短途客人服务。

万嘉老街成市已久，渐渐就有了集聚效应。锡箔店、点心店、酒店、酱园……一众与生活有关的商铺应有尽有，麻雀虽小，五脏俱全。老街上名气大的有王宝兴洋布店，经营布料从粗布、洋布到呢绒、绸缎，货色齐全；还有一家上规模的店铺，是经营南货的叫“周源大隆”，里面的货色五花八门，有各类山货、毛竹，还有木料，更特别的是还经营棺材。

万嘉街中心有一座云憩古庵，1887年在庵内办私塾，后改建为履中学校，这是一所完全小学。1950年，该校更名为万嘉小学。万嘉小学对面还曾办过万嘉农业中学。

抗战时期，万嘉街遭日本人轰炸，有两枚炮弹当街炸开，造成了人员伤亡和财产损失。战后经济复苏，社会秩序逐渐恢复，万嘉街再次成为周围百姓的交易中心。20世纪50年代以后人民公社化，民间商品交易被取缔，万嘉街日渐冷清。改革开放以后，民间经济复苏，万嘉街再度热闹起来。20世纪90年代，万嘉桥扩建成三眼水泥桥，新桥体量比老桥大了许多。交通的改善吸引了各地摊贩前来万嘉街赶集，主要经营日用小百货、服装鞋帽等。随着陆上交通发达，内河航运逐渐淘汰，万嘉街的人流物流日渐减少。进入电子购物时代后，人民购物习惯大大改变，万嘉老街失去了往日的热闹。

中大河依旧水深流静，万嘉桥还在迎来送往，只是万嘉街已经寂寞了。

徐家堰街

徐家堰街在庄市老街西南6千米处。这条老街形成于清代雍正年间（1723—1735），规模较大，长约二里，东西走向，为双面街。中间有条河叫徐家河，是中大河支流之一。老街东西各有一座石桥，东桥为永镇桥，西桥为水胜桥。永镇桥旁边有道堰闸，旧时为调节河内水位所建。东面距街约二十米处有一座古庙，名曰“后丰林庙”，庙内有前中后三个大殿，门口立着一对石狮子（现存放在镇海招宝山下），雕刻工艺精美，门前还有青石石鼓。庙内供奉苏武塑像，民间有传说苏武曾经到过这里。在北海牧羊的苏武怎么和这里有了交集，实在不知所以。庙内筑有戏台，台面开阔，藻井蔚然，里外木雕精湛，整座古庙保存完好。

徐家堰街街道随水形地势展开，街面分南北两面。北面店铺一律坐北朝南，所以阳光充足亮堂招客，坐南朝北这一侧就要差了，只有一些零星小店和临时摊头，还有一些民房、竹林，显得较冷清。

为方便人们赶集做生意，老街搭有屋架式凉棚，还置设木条椅，供行人避雨、休息或临时做小买卖。老街中间是最繁华地段，当初河上无桥，前来赶集的人们只好沿着河道从两边绕过，颇为不便。有鉴于此，当地士绅徐正介急公好义，就在老街河中段造了一座石桥，起名为“忠义桥”。“忠义桥”建成于民国二十二年（1933）。有了这座桥，不仅方便了赶集的老百姓，也繁荣了市街。

徐家堰街周围人口稠密，所以老街的生意也就红火。各类商铺品种依次陈布，经营货色繁多，有烟杂店、理发店、打花店、打铁店、铜器店、中药店、糕团店、竹器店、轧米店、酒厂等等，还有设在洋式房子里的正祥钱庄。除此之外，街上还有一家贳器店，专赁红白喜事用具，花轿、太平杠、盆子、桌子，凡红白事所需一应俱全。在老街当间，有家始创于1895年的社会组织叫咸安水龙会，专事老街和周边民居失火扑救，这个情况和庄市老街的火龙会是一样的。到了民国二十四年（1935），由当地老百姓捐资，从意大利进口了一套马达水龙及配套设施，这不仅是庄市地区最好的消防水龙，即便是在镇海县也颇有名声。咸安水龙会为周边村镇救火立下不少功劳，现在，这套救火设备已捐给宁波帮博物馆作为展品。

徐家河西段有一处埠头，是开往宁波航船的始发站，也是徐家堰街与宁波通航的唯一水上航线。令人感慨的是，经历百年变迁，现在的徐家堰街房屋、街道、古庙、河道还保留原样，诚为难能可贵。

古老的街河

河埠头形制宽大，左右两边用长石条砌成，形成阶梯状，中间平台，既可当作停船的码头用，以方便装卸货物，也是居民平日里洗洗涮涮的去处。

庄市老街地处浙东沿海地区，位于镇海区西南，东临甬江北岸，南以常洪隧道、三官堂大桥、明州大桥与宁波中心城区沟通，地理上属古代沿海冲积平原。这里土地肥沃，雨量充沛，河网交叉。四通八达的河道曾为地方农业生产发展、商贸交流发挥了巨大的作用。自古以来都是江南鱼米之乡、富庶之地。

庄市老街沿河而建，街河穿越其中，呈南北走向，直行无曲，全长约1.6千米，南与路林港交汇。港是古称，是指河道较宽的河段。路林港北接上河，属镇海内河水系，镇海的临海土地由海潮冲积而成，地势高低略有差异。河道兼有漕运、泄洪等功能，为平衡内河水流，在不同区域的河道上筑有闸、堰、坝等设施，因之，一条河又有了上河、中河、下河之分。

人类在漫长岁月中一直逐水而居，这个特点在江南一带尤为明显。凡有

街河鸟瞰

商贸活动的集镇，必是临河之地，集镇因商贸而兴，商贸因河而来。河是集镇商贸的繁荣之源，没有河道则无街市。远有西塘、乌镇，近有长石、骆驼等老街为证，无不如此。庄市街河究竟开掘于哪个年代？是街河早于老街，还是老街先于街河？现已无从考证。按照约瓦尔·赫拉里关于人类生存行为演进的分析来看，先人开掘河道的初衷，在采撷时代是为了聚集雨水解决饮水问题。进入耕种时代，则是为了解决灌溉问题。进入交换时代则是为了运输。总之，开掘河道就是为了自身的生存。随着人口不断增长，村落逐渐向外拓展，于是河道也随之延伸。经过千百年的不断拓展，形成了四通八达的河网，更大村落的形成是河道延伸的结果。街河先于老街，这应该是没有疑义的。由此，才能解释这样一个历史问题：在没有公路，没有大型运输工具的古代，如果没有街河，老街上那么多商铺、埠头、民居所需数量惊人的建筑材料从何而来？

在1.6千米长的街河上，静卧着众多大小不一、风格各异的桥梁。位于街河北端的汤家小三眼桥，至今尚存。桥基桥面皆纯石材构建，规格较小，桥下分三孔，桥面无护栏，却原汁原味，无任何改建痕迹。桥身上斑驳的痕迹足以证明其年代久远。当地人讲，由此桥往南还建有一桥，称为青龙桥，前往踏勘却不见踪影，想必是早已坍塌或拆除。再下来便是庙桥头，因此处有汤家庙，故称庙桥头。再往前是广济桥，也叫凉亭桥。旧时河边有凉亭，所以有此名。

占据老街中心位置的是裕吉桥，现在见到的不是老桥，而是改建后的新桥。拓宽了桥面的新桥现仍是老街与新商业区的主通道，老桥名早已鲜为人知了。三眼桥头顾名思义桥下有三孔，中间行大船，两边过小船，现已移至往南离老桥址不远处。所谓的三眼桥头只是一个称谓而已。街河最南端也是街河上最后一座老桥，即大方桥头，由于河道变得窄小，老桥早已拆除，原址上只建有一座便桥，远没有老大方桥的气派。（有关街河桥梁详细论述见另文。）

江南水井少，临河埠头多。埠头即河埠头，俗称河头埠，两种叫法一个意思。街河两岸的河埠头比比皆是，又另把规格大的称为马河埠头。马河埠头形制宽大，左右两边用长石条砌成，形成阶梯状，中间平台，既可当作停船的码头用，以方便装卸货物，也是居民平日里洗洗涮涮的去处。过去没有自来水，居民的日常生活淘米、洗菜、洗衣服都在这里。饮用水用的是水缸储存的天水也就是雨水。少雨季节，另有专用的井漕，即吃水漕。

巫蛊文化在中国人的传统生活里始终有之，且占据着重要地位，又因地域人群不同而千奇百怪。在庄市的河埠头，过去人们常在旁边的河滩中扔废弃的石磨盘。这石磨盘并不是随意扔弃，而是有意为之，这里是有讲究的，水鬼（地方土话叫河水鬼）想要投胎托生，必须要向阎王纳投名状，也就是要找一个替死鬼来接替它，于是就有了溺水而亡之类的灾殃。磨盘乃旋转之物，河水鬼最怕旋转之物，一见磨盘就逃之夭夭。人们知道了这个秘密，便有了对付水鬼的办法。扔下磨盘后，此处便不会再有人溺水而亡了。这当然是在灾难面前的精神胜利法，太一厢情愿了。

过去人们出行，路途近就步行，远的地方则需搭乘航船。庄市老街有两班航船，一条到镇海内河码头，现在的苗圃路一带。另一条至宁波江北封神桥。航船既乘客也带货。一些分量轻的南北干货，像红枣、桂圆、荔枝，再有中药材、布料、鞋帽、碗勺等实用杂货，都可用航船运输。大宗货物如石料、木料、石灰等由专门船帮运输。条件好的商家也会有自己的船，如盛滋记、鼎新记的老酒、米醋都是由自己的船运到附近各地。邻近山区的柴船、上虞县百官镇的兑灰船也常有光顾。这些船中要数兑灰船最大，因为草木灰占用体积大，如果船小的话装不了多少。那些地方豆类种植比较多，大豆有一种寄生物叫拉拉藤（学名菟丝子），拉拉藤长得太疯会严重影响大豆产量甚至绝产。草木灰富含钾磷钙镁等多种元素，既是豆类绝佳的肥料，又是传统的抑制拉拉藤的天然药物，每到豆子临近成熟期，农人总要到处淘换一些，拿回去施于豆秧，于是就有了开大船用干豆兑灰的买卖。

早年庄市老街没有固定的市日，所以每天都是人来人往，街河上的各类船只也是络绎不绝。穿梭于街河中的还有一种脚划船，这种船小但速度快，服务对象主要是地方上有一定地位的，如医生、教师、商铺老板等这些人，乘客两三人，随叫随走，不用等待。如果说航船是现代的公交车，那么脚划船就是出租车。近代庄市出门人较多，种地人相对少，是一个消费型的集镇。本地除了稻米和后来的庄市长面、绳索等，再无其他特产输出外地。所以，来往货物进的多出的少。到了20世纪50年代末，经过社会主义工商业改造，老街上的所有店铺都归属于庄市供销社，一切货物都由供销社统一采购、销售。供销社成立初期也是用一条大木船运输，后来才有了汽车替代了木船。

人民公社化使商品经济萎缩，人们过起了单一而清苦的日子。无货可运，昔日繁忙喧腾的街河失去了水运功能。时至今日，除了有一条清洁河面垃圾的小船，再无船只的行踪可寻。庄市街河船运的历史一去不复返了。

庄市街河曾经消失了三四年，这段历史至今已少有人记得了。1958

年，社会主义三大改造完成，实现了生产资料私有制向社会主义公有制转变之后，紧接着一场轰轰烈烈席卷全国的“大跃进”运动开始了，浮夸、造假、急功冒进，共产风、瞎指挥、官僚主义等歪风邪气甚嚣尘上，给国家的经济建设造成了巨大的伤害。庄市街河在这次运动中也被殃及。1958年10月，庄市成立了东风人民公社。11月，一些头脑发热的决策者全然不顾及民众的利益，强迫命令填埋街河，填平街河修公路通汽车。于是，全乡发动开始填河，学生、工人、农民、职员，用手拉车运来垃圾瓦砾，把它倒进了街河里。填埋街河的土方是从各乡村的火烧滩挖取，远的村庄用船装，近的则人挑肩抬，从河中段开始填埋。后由于材料不足，只填平了中间河段，南北两边虽有填埋，但并未全部完成，街河变成了几只水漕。就这样，230年前的古人为通漕、运谋民生而辛辛苦苦开掘的街河又被填埋了。街河被填后对民众的生活、生产产生了巨大的影响，造成了极大的不便，商铺的货物进不来，只能靠人力挑运，洪涝时积水排不出，老百姓怨声载道。几年之后，地方政府迫于各种压力，又决定重新开挖街河。重新开通后的街河比原来窄了很多。这种不切实际、劳民伤财的瞎指挥，只有在那个特殊年代才会发生。

如今的街河像一位古稀老人，依旧静静地躺在那里，身躯已是那么的瘦小，昔日的风采早已逝去。最近一些年，地方政府对街河进行疏浚整治，两侧建造绿化带，岸边栽种常年不落叶的柏树，恢复了活力的老街河又以全新的姿态展现在现代人眼中。

从老街出行

尤其那一条条迤逦远去的石板路，隐现在村庄和村庄之间，沿途路人或匆忙或悠闲，络绎不绝，煞是热闹。

步行走四方

在漫长的时光里，庄市老街人出行主要靠步行。这样的情形和中国城乡大部分人的出行是相一致的，这其实就是20世纪中期以前的一个常态。至于坐轿、骑马、坐牛车，那是少数人的举止，不是大众行为。我们这里要说的，是在自行车和公交车普及之前，庄市人到县城、到府城的几种走法。

庄市居民无论到镇海县城还是宁波市，首选步行。

往宁波有两条路可走。第一条从老街沿河往西走上进贤桥。进贤桥被当地人俗称为东洞桥，这是一座高高的拱形桥，拱券起得突兀，行人上下并不方便。庄市的一个乡绅，不做六十大寿，省下做寿的钱，紧挨着东洞桥边上建造了一座平板桥叫“兆熊桥”。过桥后，沿董家港继续往前，经过庙跟（因

旁边有座平王庙也即白龙王庙而得名），沿江北大河西去，经半路凉亭、孔浦庵跟、下白沙、上白沙（火油栈房）鱼市场，就进入了三宝桥。三宝桥在今天的人民路，至此也就是进入宁波市区了。兆熊桥现在已不复存在，20世纪90年代，汉塘工贸公司建厂房时给拆除了。这座桥前后使用了几十年。

另外一条往宁波去的道路就很不一般了，是庄市籍沪上巨贾叶澄衷先生的后人捐资所建。这是一条石板路，全长10千米以上，沿途都用双块的石板铺就，万米石板路从大新桥（当地人称为西洞桥）过去，也是同样出路。经庙跟到半路凉亭、孔浦庵跟、下白沙、上白沙（火油栈房）鱼市场到三宝桥。这条道路最大的好处就是下雨天不会积水打滑。至于何时铺就，因年代久远，已不知确切时间，大致在清末民初间。而废弃的时间，离今天也有半个世纪了。始于1978年的改革开放，迅疾而深刻地改变了城乡面貌，道路的改观几乎始终是一个地方大变化的前奏，适用于公共交通、大型运输车辆和日渐增多的私家车的道路，越修越宽，等级越来越高。过去使用了几千年的泥土路、几百年的石

凌驾于宁镇路上的宁波城轨二号线

板路、几十年的沙石路都不适应经济和社会发展的需要，被逐渐废除、改造、重建。庄市通往宁波的这条石板路带着乡人的回忆消失在乡愁中了。

从庄市老街去镇海县城，是向东而去。主要的道路有三条：第一条从庙桥头经钟包的东七房，到长河塘，经中官路到涨鉴碶进入县城；第二条从祥裕弄出去，经西陆何王、大吕隘取道小庄、黄犴尾巴汤家、田厂，沿老宁镇砂石公路到镇海县城；第三条由汤家东侧的千岁桥过后倪、老鹰湾、妙胜寺、后施，取道镇骆沙石公路到镇海县城。这三条道路今天依然存在，只是在最近的半个世纪里相继变身，全部拓宽夯实，修成了柏油路、水泥路，成了等级公路。变化最大的要数第二条，也就是宁镇路，20世纪80年代以前是沙石路，之后先被建成柏油路，十几年后的1995年又被重修，建成了宁波最坚固耐用的水泥路。到了21世纪初，再次大变身，宁波城市轨道交通二号线从宁波栎社机场出发，穿过市区沿宁镇公路上天入地奔镇海老城关而来。而今的宁镇路空中地下走城轨，地面走汽车。想要步行也可以，就得小心翼翼，时刻留心安全了。

从庄市老街去周边的骆驼镇、贵驷镇、庄桥镇有4条路可行。骆驼镇在庄市老街西北方向，距离约10千米。从任意一条弄堂出来到中央漕头往西北方向出发，经过庄氏西祠堂东侧，沿大路过去，经后新屋，再过陈倪大河上的蛟河倪石桥，由潘家堰头上砂石路经畈里塘、洪家、团桥到骆驼镇。另一条路则是石板路，由后河头的后斛屋出发，经陈倪大河上的通济桥，过朱家岸、菱漕、东钱，沿大河边的石板路到骆驼镇。

贵驷镇和老街基本在一条直线上，由老街北去7千米许，就到了贵驷。具体路线，由老街经汤家、后倪、老鹰湾到妙胜寺，然后沿中大河西侧的石板大路一直向西北方向下去，直达贵驷镇。

庄桥镇在庄市西8千米处，稍偏北一些。从老街步行去庄桥，先上大新桥，一路往西，经彭王庙（夏家）、上下陈、马径、东邵家到庄桥镇大街。

总体来说，老街通往周边的陆路是四通八达。往东如果去后施、俞范

（今镇海炼化所在地）、临江、清水浦这些地方，由祥裕弄出去，一路经西陆、汉塘、阮家、朱家桥就转入了宁镇砂石公路。如果向南去三官堂、路林，就走东头陈，过路林港上的桥梁后，都有石板路直达。

在漫长的农业社会，人们出行以步当车，或有人感慨古人辛苦，且效率低。这纯属后人无端为前人忧。那样的出行是和那个时代的自然经济相匹配的，节奏慢、效率低，何尝不是一种好的生活方式呢？尤其那条条迤逦远去的石板路，隐现在村庄和村庄之间，沿途路人或匆忙或悠闲，络绎不绝，煞是热闹。这样的惬意已经是现代人再也感受不到的了。

从长途汽车到公交车

20世纪50年代到80年代中期的30多年间，庄市镇西北侧，陈倪村蛟河倪、大五房自然村西北，也就是今天329国道与世纪大道交会处，曾设客运长途汽车站。这为庄市人从陆路远行提供了便捷。

此站不是始发站也不是终点站，而是途经站。总站在宁波江北的车站路和桃渡路交叉口的汽车北站。那时车少路也窄，一条沙石公路宽约七八米，两边都是沟渠。再远处，就是夕阳下炊烟四起的村落和绵延的稻浪。从宁波发车，途经庄市向北去往三北。之后向西往上虞、杭州方向。这条线基本上就是329国道的前身。还有一条线路也从宁波汽车北站发车，经庄市，到骆驼镇后转向东，去了镇海。中途还停靠团桥、贵驷、后施等地，每天三四个班次。

庄市是两条线路的第一站。每当汽车即将到站，站长就口含哨子，手拿红绿旗，站在马路中间，哨子一吹，红旗一挥，汽车停下，开始上下客人，待客人上下停当，站长又吹一下哨子，挥一下绿旗，汽车就扬长而去。笔者小时候每每看到这个情景，心里总要崇拜站长一会儿，觉得他“很厉害”，红绿旗一挥，哨子一吹，这么大的汽车就乖乖地停下、开走。这个站的站长、调度员和售票员就一个人，也就是那位站长。他的家眷也随他住站里，倒也确确实实做到了以站为家。

坐这种长途汽车虽说是省却了步行的劳累，但也是很费气力的。候车时要在站内等很久。即使坐上了车，也要有耐心，要忍受车子慢吞吞的“龟行”。运气好的话，还能观摩一回司机师傅“插蜡烛”（即发生故障、抛锚）后的修车过程。这种乘车经历，在那个时候是谁都会有的。据一些老人回忆，最早的长途公共汽车，车尾巴上立着一个大锅炉，靠烧木柴、煤炭产生蒸汽作为动力。这就跟电影里演的石油工人王进喜看到汽车背个大气包一样。20世纪60年代以前，中国缺乏石油，城乡公路上跑的汽车都要置一个大气包，里面装着做燃料的煤气。马力不大，一小时才能跑上十几千米还经常抛锚。如此一来，很多庄市人嫌坐汽车太麻烦，宁可选择步行，也不愿花钱受罪。

20世纪70年代，各大队出工修建了一条从钟包村到329国道的机耕路。机耕路原本是为了拖拉机、收割机等农机具出入田间地头所修的乡间道路，由乡村自筹资金，自行出力修建。许多地方的机耕路在后来被硬化，成为21世纪初村村通公路的雏形，机耕路的宽度一般是三到四米。钟包村到329国道的这条机耕路除了走农机具，也是沿途人家西出的捷径。庄市老街的人去宁波可以沿着这条路走到常洪或半路凉亭，再坐上5路公交车。或走到青年中学、三官堂，坐宁镇路班车去镇海。

20世纪80年代初，庄市有了去镇海的373路公交车、去宁波的343路公交车，这才彻底告别了步行，这两路车至今仍在运行。不过庄市今天往宁波、镇海已不止这两个班次，还有始发庄市终点宁波站的1路、始发庄市终点招宝山的376路、始发骆驼终点招宝山途经庄市的387路等多个班次，坐公交车出行，那实在是太方便了。

乘船水路行

庄市作为水乡，在过去很长时间里，水路比陆路要发达，水上航运曾经十分繁荣。

从庄市老街往宁波市区、镇海城区、骆驼镇、贵驷镇，每天都有一班朝发暮归客货两用航船往返。除了每天固定班次的航船以外，在庙桥头及老街上还有好几条带黑色篷盖的小木船，这些船当地人叫它们“脚划船”，船老大手脚并用划桨推进，小船灵巧，速度快捷，很多老庄市人都喜欢坐这种船出行，但价格要比坐航船贵一点儿。

去宁波方向。从老街街河上的任一河埠头上船，经街河西到路林港向北，到彭王庙再转向西，沿江北大河，在半路凉亭过去一点儿转向北，经孔浦朱家（现朱家苑小区）再向西经大通桥、泗洲河到三宝桥（封仁桥、今公交白沙中心站位置），上岸就进入宁波市区了。

去镇海县城。从老街出发，向东往浜子港，到叶家义庄方向河道转东向后包，经后包沿光明王道桥小河到丁卯桥，进入中大河后转向南，过万嘉桥后转入迎师桥大河，向东，过静德桥、武宁桥到达镇海城河的东河。这里需要说明的是，古城镇海原来是有城河穿过的，城河西与中大河相通。所以，那时就有九龙湖山里的毛竹、柴栟沿中大河一路进入镇海城的景象。城河以南薰桥为界，分东河塘、西河塘两段。西河塘在20世纪70年代被填埋，东塘河在80年代也被填埋。现在的城河路就是在旧城河基础上修筑的。那时从老街沿水路进入镇海城，上岸就在东河塘段，具体位置就在今天的电影院附近。

去骆驼镇。从街河向东，过千岁桥进入浜子港向北，经朱家岸、翁家斗，到团桥大河向东行驶，一直到骆驼街上。

去贵驷镇。由街河向东，经千岁桥进入浜子港向北，过后倪向东进入老鹰湾河道，经周林港到大市堰，向北沿中大河直接达贵驷老街。

去甬江边宋家汇头。沿街河往西到春荫桥往南沿路林港，过外庄曹庄、桥头新屋、小庄、田厂，经双桥村到甬江边。

在陆上交通不发达的年代，庄市的水上交通却是四通八达，只要有一条船，无论上溯甬江、姚江，还是远航东海大洋，只要在姚江或者甬江上过个船闸，什么地方都可以去了。

除了步行、乘车、坐船上述几种出行方式之外，庄市老街上还有几辆人力黄包车可以搭乘，但价格就要贵很多了。

舍南舍北皆春水

即使是最顽劣的孩子和最泼辣的女人，谁也不敢“冒天下之大不韪”而去这些饮用水的“禁漕”里去洗手洗脚，更不用说洗其他什么东西了。

庄市老街地处宁绍平原水网地带，水资源充沛，四周除了四条大河道及中间的街河外，沿途还有大量的河汊插入农地、村落，这就是庄市人所说的“河港支”。至于漕（即池塘），因为和居民的每日起居饮食密切相关，更是遍布居民区周边，这些星罗棋布的池塘在人们口中又被称为“漕”。旧时农耕时代，生活吃喝、生产灌溉都离不开水，就是居民生活中的洗洗涮涮也离不开水。所谓一方水土养一方人，这些河道、河港支、漕的性质和功能是不一样的，它们共同构建了一方农耕社会的生态，维系着生产力发展和人群的繁衍生息。

河　道

庄市四周被浜子港、官仓港、路林港、陈倪大河四条河道包围，街中央又有街河贯穿而过。这五条水系与外水系相连，四通八达，远通大海。它们的主要作用是水路运输、防汛排涝和农业灌溉。沿河居民也会沿岸修筑埠头，就近淘米、洗菜、浆衣。所以说，这五条河，就是庄市人的命脉，这一点在农耕时代尤显突出。世世代代的庄市人有赖于斯。因其重要，政府视其为公河加以管理。

人民公社期间，在主要河道上，沿途各个生产大队都建有自己的农业专用设施——抽水机埠（房），大大小小沿河有十几座。除了固定的机埠，还有一些流动的安装在农船上的抽水机船，河边建有进水渠道，机船过来靠上水

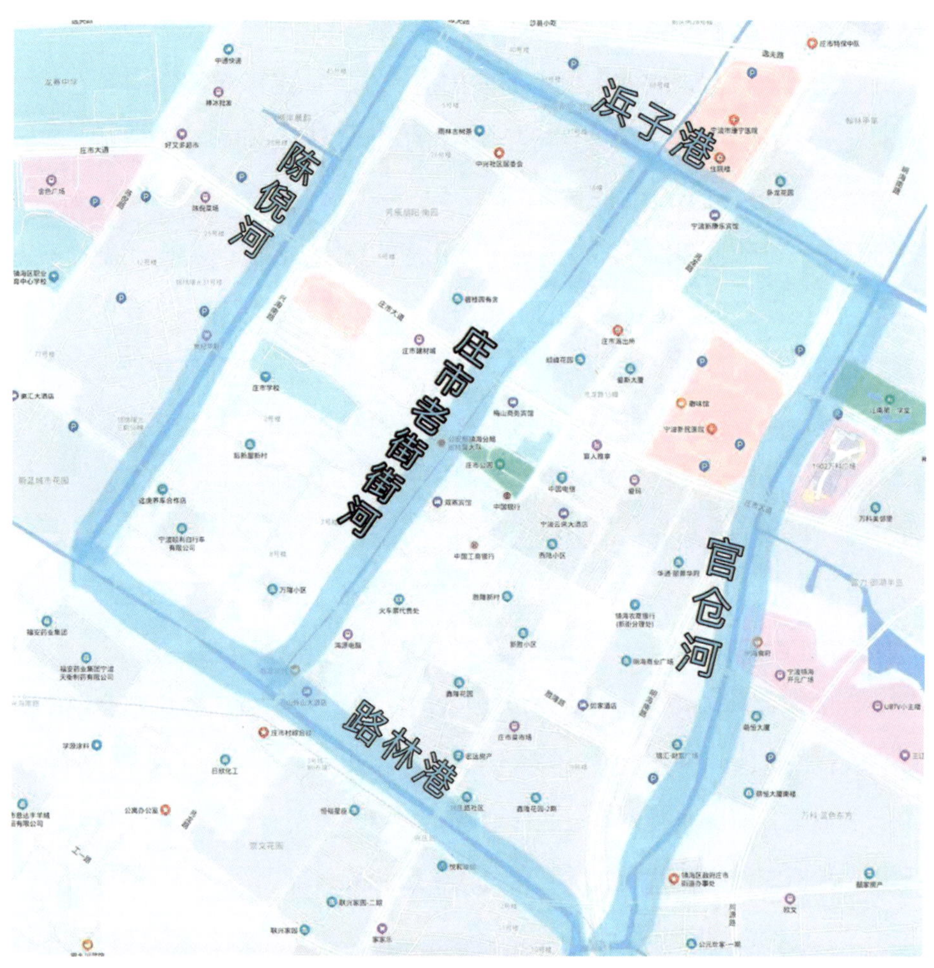

老街四围水系

渠，机器一开，水抽上来就进入引水渠道。每年自4月春耕开始到10月份停用，半年时间都昼夜不停地在抽水灌溉。

秋收以后农闲季节，公社、大队组织农民“掏河”，也就是疏浚河道。掏河之前先要抽干河水，再按照每个村（生产大队）的土地面积，分摊河段和施工面积。掏河属于集体的农业水利工程，所以都是义务出工，政府只负责组织动员，监管协调，不付报酬。笔者经历过的最大规模掏河，也是最后一次“大兵团掏河”，是在1965年春季“四清”运动的时候。那一次由县、公社、“四清工作队”三级动员组织，庄市四周十几千米长的河道上，密密麻麻地站满了掏河的农民，上万人的场面煞是壮观。

晚稻收割以后，农事稍歇。河道周边的生产队组织农民在河道上“捻河泥”。捻河泥就是捞河底的淤泥，使用的工具是船、河泥篰和戽斗。河泥篰由两根直径约5厘米粗细的竹竿和底部的形似荷包状的竹编网兜组成，网兜分两边，可张可合，底部各安装月牙儿形的扁铁，插入河底碰到硬物不易损坏。用河泥篰把沉淀在河底的淤泥捞到船上，满了就靠在岸边专用的堆场边，把淤泥甩上去堆起来，等春天干燥了，再挑河泥出去撒在农地上，作为有机肥料使用。捻河泥是江南地区一种传统的积肥方式，也是疏浚河道的方式，可谓一举两得。捻河泥是每个农民都要会的基本功，但这是个苦活儿累活儿，也是个力气活儿。早上船出去时，穿着棉袄毛线衫，几船下来了，只要一件衬衣就够了。挑河泥一般在年前年后，挑到田里后，再切成小块，经过冰冻和太阳照晒就会自然酥散。这个活计是要在春耕之前完成的。

捻河泥这种延续了上千年的积肥做法，到1982年以后停止了。那个时候，农村已经改“一大二公”的人民公社为农业生产承包责任制了，随着生产力的提高，河道清淤有了专业作业队，使用的也是专门的清淤工具。至于肥料，种植农作物早就用化学肥料替代了传统的有机肥，河泥自然也就弃之不用了。捻河泥也就成了记忆。

河港支

每条河道都有支流分叉出来，河汊就像是河流的毛细血管，一直深入到农地或村落，当地人俗称“河港支”。河港支长短不一，有的长几百米，甚至上千米，有的仅百米几十米而已，它们还有个特点，就是一头接通大河，另一头是不通的。

河港支具有和河道一样的生产、生活功能，只是在人民公社时期，河港支属于所在地的生产大队或者生产队，如何使用、疏浚和管理，由生产大队、生产队决定。在老街范围内，河港支有10条。从南面的官仓港自东而西数了过来，沿途分别有：叶家港、塔前港、长长港、无名港、桃花港、斯家港、陈家港、董家港、后河头和长港支。

叶家港，长约200多米，属叶家村所有，位置就在现在的庄市大道与明海大道交叉处偏东一些。过去是叶家粮站进出运输粮食的专用河汊，也是两岸叶家村居民主要洗涤用水的水源。

塔前港，长约300米，现为明海大道丽景华府小区段，属汤家村、叶家村、胜隆村三村所有。

长长港，长约500 ~ 600米，现为明海大道浅水湾小区西面，属胜隆村一队所有。

无名港，长约100米，现在的财富广场东边位置，属胜隆村二队所有。

桃花港，长约250米，现在的鑫隆花园三期北侧，属胜隆四队所有。

斯家港，长600 ~ 700米，位置从镇海压铸厂路林港河口到胜隆新村，现在还保留有胜隆新村一部分，属胜隆二、三、四队所有。

陈家港，长约200米，在路林港西侧，现在的地铁五号线兴庄路车站内位置，属联盟村及庄市村一队所有。

董家港，长约500米，在路林港西侧，原庄市街道工业区A区、工一、工二、工三、工四、工五路一带，属庄市村一、二队所有。

后河头，长1000多米，北从陈倪大河过来，经后斛屋，绕庄市学校，到庄市新萧房，现填平为水泥道路，属庄市村五队，是过去庄市老街北部居民的主要洗涤用水地。

还有一条在街河上的河港支，叫长港支，从街河汤家村抽水机埠一直向北到河湾张，长约1200 ~ 1500米，属汤家村所有。现为镇海炼化公司的芳辰丽阳小区。

这些河港支除“叶家港”和“后河头”主要用于运输和洗涤外，其余都是农业生产用水，现在除了胜隆新村旁的斯家港，还有一部分约250米的遗迹外，其余的都被建设征用，已寻不到踪迹了。

漕

“漕”这个词，在《现代汉语词典》里未做直接的解释，只是和漕运、漕粮放在一起来说明怎么使用。不知何故，宁波、舟山地区的居民都爱把池塘称作“漕”，这样的称谓由来已久，究竟因何，已无从考证了。庄市是水网地带，除了四周河道及街河之外，屋前屋后居住地周遭，都布满了各种各样的池塘，这些池塘作为河道水的补充，承载着当地居民的生产生活，为人民的繁衍生息提供了必不可少的支持。

遍布农地村落的漕，大多不是天然池塘，而是和人们的两种行为有关。中国的土地几千年来一直各有其主，离河道较远的地方，用水不便，地主便在自家的田中挖坑贮水，久而久之便形成了众多的漕。这是其一。再就是造墓取土。20世纪70年代之前，农村田野中到处是坟墓，这就需要大量用土。集中取土就留下了大坑，积水多了就成了漕，故有长漕、三眼漕等称谓。

在庄市人的认知和使用中，“漕”的功能是有很明确界限的，绝不混淆。一类是专供居民饮用的“井漕”。井漕因为关系人的健康和生命，所以另有一个严肃的名字：“禁漕”。望文即知这样的漕是要严加保护的。禁漕旁边树立禁碑，刻有禁止事项，诸如禁止洗衣、洗菜、洗澡等。

另一类是专供居民洗涤用的“公漕”，公漕大都紧挨居民集聚区，属公共所有。还有一种也属于公漕，离开村落较远，分散在周围农地，专用于农业生产的蓄水、养殖、灌溉之用。人民公社时代，这部分公漕属所在地生产队所有。

老街的禁漕自东南向西北依次有：河湾张大禁漕、庙西禁漕、方家禁漕、叶家禁漕、祥裕禁漕、三眼桥禁漕、照漕边禁漕。

汤家村河湾张自然村的大禁漕，专供河湾张自然村居民使用，位置在今天的芳辰丽阳小区南园紧靠芳辰路的地方。庙西禁漕也在汤家村，在汤家庙的西侧，专供汤家村庙桥头一带村民及止所门头一带居民饮用。庙西漕的位置就在现在的庄市大道建材城。方家禁漕，在汤家村街河南、方家大屋南侧，供方家及东南村居民饮用。旧址在现在的顺峰花园位置。叶家禁漕在叶澄衷大屋（原叶家粮站北围墙外），专供叶家村村民饮用，位置在现在的第五医院东南角明海大道段。祥裕禁漕专供庄爱房和祥裕大屋及裕顺房弄居民饮用。位置在现在的胜隆一队陈小伟住宅前。三眼桥禁漕专供三眼桥下、横街弄一带居民饮用，位置在现在的庄市社区北后门外。照漕边禁漕位置在庄一社区许丽华住宅西边，该漕虽不大，仅百来平方米，但在这里取水的人极多，庄市的西部，包括六份头、墙脚下、中央漕头、竺家、大方桥、八四房、九十九间、八十八间等地居民都到这个漕里取水饮用。

这些禁漕，除了河湾张、叶家大漕、庙西禁漕规模稍大一点儿，但也仅三四百个平方米而已，其余的都不过是百十平方米的小池塘。就是这些小池塘，在以往没有自来水的几百年间，始终保持着一年四季有水，从不干涸，干净清澈。即使是最顽劣的孩子和最泼辣的女人，谁也不敢“冒天下之大不

韪”而去这些饮用水的禁漕里洗手洗脚，更不用说洗其他什么东西了。这大概也是一种传统的“公序良俗”或者“约定俗成”的力量吧！

每当晴天后的早晨和傍晚，通往饮用水漕的路上就热闹了，男人们肩上挑着两个水桶（这是过去居民家的必备品），妇女、儿童则是两人抬一个水桶去禁漕取水，然后倾倒在家里的大小水缸中。家里条件好一点的，讲究一点的，在盛水缸中放点明矾，澄清水质，一般人家也就没有那么讲究了。在没有自来水的漫长岁月里，担水（取水）也就成了家庭主要劳动力的额外劳动了。由此，也产生了担水赚零钱的副业，一些家里没有劳动力的留守老人、妇女（子女、丈夫在外面工作），就请人担水，按路线远近议价，每担水（约一百几十斤）伍分到一毛钱，半天下来也可以赚上几元钱。这对于靠拿工分，每年夏收、年终才能分到一点现金，平时没有零花钱的农民而言，无疑也是一个美差吧！直到20世纪80年代中期，庄市老街有了自来水，这些饮水的禁漕也都逐一淡出，完成了它们的使命。目前，所有的井漕都已被填平，盖起了各类建筑物。

老街上除了饮用水的禁漕外，还有许多大大小小供居民洗涤用的漕。老街上生活的居民和江南水乡的人一样，洗洗涮涮都是在河埠头和池塘边完成的，这样的生活方式是几十代、几百代人一直因袭沿用的。

庄市老街整条街河上布满了大大小小的专供洗涤用的埠头。两岸居民除了在街河洗涤外，星罗棋布的“漕”也是居民日常生活中必不可少的洗涤之处。在笔者的记忆中，自东南向西北大大小小的漕有十几个。汤家村河湾张的两口漕，除了供河湾张村民洗涤，还有为周边农地提供灌溉作用。汤家村北侧的大漕，是汤家自然村村民的主要洗涤漕。汤家庙北侧漕，基本上以农业生产为主。叶家村、叶澄衷大屋东北侧就有两口大漕，位置在现中兴中学大门口附近。从这几口大漕往西北，还有一口小漕，是汤家村的农业用水漕。

老街中心区比较有名的，有祥裕大屋门口的“祥裕大漕”；东祠堂北边的“照漕”；九十九间旁边的“长漕”。除了一部分因建设聚兴路被填去外，目前尚有大部分存在，这些就是老街区的难得保留下来的“漕”的踪影了。这些如镜如鉴的池塘虽然已经失去了功用，但它们滋养的百代人物仍然风流，收藏的千年故事仍被追忆。

八千人家桥边住

八四房一位士绅放弃了过六十大寿的计划，捐出钱来，紧挨着东洞桥在其侧面建造了一座平板桥，名叫“兆熊桥”。此桥建成，解决了困扰乡人多年的烦恼，极大地方便了庄市人的出行及生产。

庄市河汊多所以桥梁也多。以街河为例，两岸弄堂众多，条条弄堂贯通四方，弄堂周边满是聚居的民居，故街河和周边河道上密布着各种规制的桥梁。这些桥梁贯通两岸，沟通东西南北，更加便捷了人们的生活，也降低了生产成本。而对于无数庄市人，尤其那些少小离家、身在异地的老庄市人来说，那些高高的石拱桥和简陋的石板桥，就是回到故乡走进家门的必经路径。

庄市的桥梁多为明清两代和民国所建。主要有三类：一是最具中国古代特色的拱形桥。桥身高挺，底部有圆形拱券，桥基两边是供纤夫行走的纤路，两侧桥面各有十几级台阶供行人上下往来，庄市典型的拱桥是东洞桥和西洞桥。二是石板桥，构造简单且成本低也很实用。由石桥头、石桥面和石桥墩构成，桥宽三四米，几块长条石铺在桥墩上，桥两侧再置一块大条石，供人小憩。明清时期建造的广济桥（凉亭桥）、三眼桥、大方桥等都是这种石板桥。三是水泥桥，民国初期所建的千岁桥、忠孝桥、春荫桥、西梢木桥，基本上都是这种近现代的钢筋混凝土结构的桥。

桥梁不语，阅尽春秋。单它们身上就隐含着庄市地区不同的年代的人居、水文、经济水平、生产力状况和造桥技术等等信息。可以说，这些桥梁就是解读这些历史信息的密钥。

我们还是先从老街街河上的桥梁说起吧。

街河上的桥梁，自东北向西南，第一座便是汤家自然村前的小石桥，桥

地理交通篇

名叫青龙桥。青龙桥建于清初，历史也算悠久了。石头桥墩，几块长条石横卧作为桥身，两侧无护栏。小石桥向西南过来，有座连接汤家自然村和方家大屋的石桥，叫昇泰祥桥。昇泰祥应该是一种南货店或棉布店的字号，这座桥之所以叫昇泰祥桥，很大可能是这个“昇泰祥”商铺的老板在外面经商发了大财之后，在故乡做善事，捐建桥梁造福乡梓，桥名也由此而来。

昇泰祥桥往西南，便是大名鼎鼎的西梢木桥了。这是一座钢筋混凝土结构的近代桥筑，是连接东西的主要桥梁之一。因附近有西梢木庙（汤家庙）而名，当地人也有叫庙桥头的。西梢木桥东南，有一座连接庄爱房与止所门头的小石桥，叫庄爱房小桥，桥面只有三块长条石，两侧无栏杆。这座桥在20世纪50年代后期被拆除。再往西南，在原庄市中心小学门前还有一座很简单的小木桥，木架子上铺着梅园石板，后来不知什么时候也被拆除了。

再往前就是连接凉亭弄与裕顺行弄的大石桥，这就是广济桥。这是老街上一条贯通街河两侧店铺的主要桥梁。此桥的西侧有座凉亭叫广济亭，因桥得名。但当地人多俗称广济桥为凉亭桥。由凉亭桥再往西南百来米便是庄市人记忆中最为深刻的裕吉桥。这是一座具有近代建筑风格的钢筋混凝土结构的桥梁，它贯通祥裕弄与洋衙巷，裕吉桥东西两侧便是老街上最热闹的去处。桥两边居民集中，店铺一家挨着一家。裕吉桥在20世纪70年代被拆除，改建为平板式的水泥桥，桥名也改为庄市二桥。

裕吉桥南边百来米是三眼桥，位于横街弄与乐汝成大屋间的河道上，因桥有三孔，人称三眼桥，其实桥名叫永兴桥。20世纪70年代，永兴桥与广济桥、裕吉桥、大方桥一起被拆除。三眼桥拆除后，往南迁了几十米重建了一座水泥平板桥，桥名也直接称为庄市三桥。因为在“文革”中凡带有传统文化色彩的命名都被斥为“四旧”，还是用数字命名保险。三眼桥往南百余米，便是当时街河上最后一座桥梁——大方桥了。大方桥是座传统的石桥，桥面由四块大长条石铺就，两侧各有一块长条石侧卧，供行人暂坐憩息。此桥在20世纪70年代被拆除后，原址上建造了水泥平板桥，桥名也改为庄市四桥。

乐汝成大屋，界石依稀可见筠庐乐字样

为便利街河两侧群众的生产、生活，20世纪80年代初中期，庄市公社和乡政府又在庄市小学北侧、庄市大会堂南侧新建了一座水泥平板桥。新桥规制与先前改建的庄市一桥（凉亭桥改建）、庄市二桥（裕吉桥改建）、庄市三桥（三眼桥改建）、庄市四桥（大方桥改建）相同。之后，又在原红宝照相馆大屋西侧建了一座水泥平板桥，在八四房也就是今天的山外山酒店对面的河道上新建了一座水泥平板桥，叫庄市五桥。20世纪90年代，在建设聚兴路时，庄市镇政府在大方桥南百来米的聚兴路上，建造了一座可通过大型车辆的水泥桥，桥侧有名为新大方桥，但当地人仍习惯叫它聚兴桥。

目前，在长1600米左右的街河上共有大小11座桥梁。

除了街河上的桥梁外，围绕庄市老街四周的河道上也有大小不等的各类桥梁。自东北浜子港向东面的官仓港至南面的路林港，截止到陈倪大河北端，沿途的桥梁有横河堰康宁医院西、东的两座近代大型钢筋混凝土桥。一座叫千岁桥，此桥目前尚在，是庄市街道通往后倪、老鹰湾、后施的主要通道。另一座叫忠孝桥。忠孝桥被拆后在原址上建造了一座宽大的、可供大型车辆通过的公路桥。据老人们讲，早先庄市有座同义医院，由乡绅捐资建

造。医院造好后决算资金有结余，于是又拿这些结余的钱，在医院两端各建造了一座桥。

从浜子港至官仓港由北向南，叶氏义庄西侧有座义庄桥，为叶氏义庄的附属建筑。之后又有了叶家村边的叶家石桥，和连接庄市、西陆、汉塘、联丰等地的何王石桥。官仓港上最西边的是一座连接路林港的曹家库石桥。这是由庄市去三官堂、双桥的必经桥梁，因为一座桥要连接两条河道的缘故，桥的角度有点儿斜，这给来往河道的驶船带来了一定的难度，所以当地就流传一句俏皮话:“过曹家库石桥，不是碰就是别（刮擦）。”技术再好的船老大，都无可奈何。

从曹家库石桥往西陈倪大河大五房边，上千米的路林港，也有一系列桥梁。

先说春荫桥。这是是一座钢筋混凝土结构的现代桥梁，规制与浜子港的千岁桥、忠孝桥相同，系居住在老街大方桥东的庄春荫出资建造。原本为建造庄市到俞范的公路所建的配套建筑，后来道路因故未建，但桥却按计划落成了。为避让开桥南东头陈的一座坟墓，桥身还向西移动了一点。春荫桥现在已经是座宽大的公路桥梁了，桥名也改成春静桥了。

春荫桥往西不到百米，就是过去有名的进贤桥。进贤桥当地人叫东洞桥，这个叫法是相对于西边的西洞桥而言的。东洞桥是庄市去宁波的主要通

进贤桥

道。这是一座高高的石拱桥，两边有很高的台阶。桥高石阶多，当地人的出行及去桥南生产都觉得很不方便。这个情况引起了庄市八四房一位士绅寿星的重视，适值他六十大寿，他放弃了过大寿的计划，捐出钱来，紧挨着东洞桥在其侧面建造了一座平板桥，名叫兆熊桥。此桥建成，解决了困扰乡人多年的烦恼，极大地方便了庄市人的出行及生产。东洞桥20世纪60年代被拆除，兆熊桥则在90年代因汉塘工贸公司厂房建设也被拆除。

东洞桥向西二百来米，也有座同样规制的拱形石桥，叫大新桥。因为与东洞桥相对称，人们更习惯于叫它西洞桥。古代的拱桥，行人尚可，但负重挑担上下就增加了难度，至于车辆就更难以通过了。随着交通工具的进步和桥梁通过率的提高，这座拱桥已不能适应需求，庄市镇政府在紧挨着西洞桥的西首新造了一座平板桥，这座桥现在还在。而西洞桥则和东洞桥同时在20世纪60年代被拆除。

沿大五房自然村向北的陈倪大河有三座桥。从庄市老街向西去蛟河倪、畈里塘等地的镇里桥，是一座传统的石桥。向北从庄市老街去蛟河陈、菱漕、骆驼的传统石桥叫通济桥，据史书记载，该桥是由明万历年间的贡生庄岳出资捐建。镇里桥和通济桥在20世纪八九十年代，因建设柳岸晨韵及锦绣曙光小区被拆除，后又在原址上新建了可通行车辆的公路桥。20世纪80年代，在河湾张自然村与朱家岸之间，新建了一座平板桥，供汽车、拖拉机通行。

人文篇

始于1884年的救火会

扛龙夫双手紧握水枪，一脚踩在水箱边，另一只脚踩在水箱搁板的空档上，水枪口对准火源，拇指捂住枪口，待水流压力增强再松手，随着“卟、卟”的响声，水柱便直冲而出。

老街沿街河高低错落排列着一幢幢新旧屋舍和各色门店，由西北向东南绵延三里多。中西药店、日用杂货店、海鲜水产店、蔬菜店、理发店、熟食店、小型超市……老街人从这里忙进忙出，为生活，为生意。

每个清晨，老街从沉睡中苏醒，很快人声鼎沸，卖菜买菜，油条豆浆，蛋糕奶茶，一天的辛劳、忙碌就此开始，电瓶车、自行车、汽车总要挤作一团。只有老人悠闲，出了家门在街河边择一处景致好的地方坐定，捧一杯老茶啜饮，任由身边人来人往。

这幅庸常的人间烟火图画，几百年来，一直都在这里展开。四季换景，人物常新，唯有故事不变。

73岁的林利年老人在这里生活了一辈子，说起老街上的人和事如数家珍。街上的房子一家挨着一家，除了那些高门大宅和商铺多用石砖瓦外，普通民宅以砖木为主材，梁柱桁架用木头，屋顶椽檩上铺设芦苇编织的席子，席子上覆瓦。最穷苦的人家以泥土为墙，用稻草、麦秆、蔺草覆顶。垂直于老街的有多条弄堂，祥裕街、止所门头、凉亭弄、洋衙弄、横街弄、三房弄、大方桥弄、裕顺行弄、三眼桥弄等，这些弄堂大多逼仄，最窄的只有1.5米，最宽的也不超过3米。两边就是木结构房子。一遇明火，或在秋冬天干物燥季节，一不小心便会燃起熊熊大火，容易形成火烧连营之势，火灾隐患无可避免。

老人指着门牌号为庄市街河北015号和017号两家紧挨着的理发店说，这里便是当年镇安水龙局的原址。历经了一百多年的变迁，水龙局已不见一丝痕迹，仅在止所门头庄士英宅后的院子里，还有一座三层楼高的火灾瞭望报警台的遗存。

《镇海庄市地方志》记载，庄市镇安水龙局建于清光绪十年（1884）。资料显示，清晚期至民国初期的中国，各地都建起了联合救火会和水龙局。这些联合救火会和水龙局大多由乡绅富户或地方官发起，捐钱捐物捐劳力，属于民间自救组织。上海早在同治五年（1866）就成立了中央救火大队，设火警台，后在新闸、虹口、杨树浦等地方设立救火会；江苏高淳的水龙局更早，

镇安水龙局原址

出现在道光年间（1821—1850）。清晚期至民国初，宁波地区的瞻岐镇设有“同安水龙局”和“咸安水龙局”。镇海县的骆驼、长石、憩桥、团桥、沙河、盛家、清水湖村、鹭林、湾塘等也都建有水龙局。庄市街附近的村庄汉塘、万嘉等多设有水龙局（水龙会）。哪里有火情，这些水龙局都会就近“出龙”救援。

“水龙”的叫法缘于古人的认识。古人相信天上有火龙和水龙两条龙，火龙发怒时吐出大火烧毁一切，水龙能呼风唤雨。在阴阳五行里水能克火，由此人们也把救火工具称作水龙。每年旧历五月二十日，上海和江南地区都要举办消防演习，这一天，十里八乡的民众都会像赶庙会一样赶来观看水龙表演，人山人海，场面热烈，这个活动就被称为“水龙会”，民间的救火组织便被称为水龙会。

1884年的某一日，在乡绅商户的牵头组织下，庄市街面上出现了若干募捐人，他们挨门挨户鼓动大家捐银建立救火会，商户和居民觉得这是一件大好事，纷纷响应。最多的捐出了上千银圆，少的几块、几角、几分，各家努力出资出力。不几日就购来了“咯咯龙”（宁波话救火的水龙俗称），再添置输水带、水桶、扁担、铜锣、煤油灯等设备，在街河设立了水龙局。至于当时到底由哪位乡绅组织牵头，最后筹集到多少资金，已无从考证了。

“咯咯龙”相较于今天的设备是非常简陋的。一只椭圆形的大木桶上放置一块长条形的搁板，桶上架有两只紫铜活塞缸和一根结实耐用的横木杆，活塞缸连接输水带，输水带头部连接喷水枪。

水龙局的消防队员有“扛龙夫”和“挑水夫”两部分人，他们是清一色年轻力壮的小伙子，平时有自己的职业，务工、务农或经商。“扛龙夫”是冲在最前面负责喷水枪的人，他的技术含量要求高，不但要有强壮的体魄，还要有丰富的救火经验。为使水流急猛，扛龙夫双手紧握水枪，一脚踩在水箱（椭圆形大水桶）边，另一只脚踩在水箱口中间的长条形搁板的空档上，把水枪口对准火源。用拇指捂住枪口，待水流压力增强再松手，随着“卟、叶”的响声，水柱便直冲而出。一架水龙要配备十担水桶跟随，那就需要十个以上健壮结实的小伙担任“挑水夫”，他们要以最快的速度从河中或水漕中取水倒入大木桶中。

在庄市的东祠堂里，出生于1938年的史杨芳老人回忆起了儿时的见闻。那个时候，发生火灾时，救火会出动4位精壮小伙把“咯咯龙”迅速抬到火灾现场，在椭圆大木桶两边各站4位青壮年轮番按压横木，“咯咯龙”便咯咯地响起来，一对活塞快速运动，加压后的水流直冲冲从输水带中喷出。水压越大，喷出的水柱射程越远，最远的可达30到50米。

参加救火的人不仅仅有水龙局的成员，还有附近的老百姓。一旦发现火灾，人们都立刻放下手中的活计，就近找到铜锣使劲敲起来，并沿街边跑边喊：某某地方着火啰，大家快去救火！听到火警的铜锣声响，有铜锣的人家也会迅速找出铜锣边敲边跑边喊。听到密集的铜锣声响和喊声，人们会不约而同地从家里找出水桶、脸盆等盛水工具，快速赶往火场。

灭火结束后，有专人轻敲三下“回龙锣”，救火队员把水龙等救火工具抬回水龙局。回龙后，救火队员不能马上休息，要对用过的消防器具进行修整、晾晒，方便再次使用。救火不收任何费用，所以又叫“义龙”，大众自愿捐助，用于救火会的设备添置或更新。救火会有专门的记账人员，会把每一笔捐款的捐助人、开支用途、数额等记录得清清楚楚，并按时公布，取信乡亲。

据73岁的冯尧星老先生回忆，过去庄市街的火灾大约半年或一年遇到一次。当年庄市街上水漕中的水位有一定的要求，水漕中插有一根木桩，当水面与木桩顶部齐平时，就禁止人们在水漕里取水，这些水留着万一发生火灾时取用。可见当时人们的救火意识还是比较强的。

光绪二十九年（1903）四月，叶澄衷在家乡叶家村建叶氏义庄，内设除了义塾外，还有水龙会、牛痘局。义庄围墙内筑有一个瞭望台，用于登高观察周边村庄火情。今天在叶氏义庄的一个展厅里还能见到人力水泵、水桶等老水龙，墙壁上还画着一幅幅生动形象的救火场景图，这就是当年的义庄水龙会。叶氏义庄救火会所有救火设备皆由叶澄衷先生捐助。该会组织纪律严明，在火灾结束后，其他救火人员可自行撤离，叶家救火队必须继续坚守，以防死灰复燃。因此这个救火队在当时非常有名，号称太平龙，意即此救火队一到，大火便很快被扑灭。义庄救火会一直延用到20世纪60年代。瞭望台年久失修，而今也已拆除。

镇安水龙局运行了25年，宣统元年（1909），庄市又出现了一个更新的火龙会，这就是永安救火会。永安救火会由热心公益的庄可法医师发起，募集资金，就创设在止所门头他的寓所旁边。

民国二年（1913），庄市街遭遇大火，连片的木结构房屋使火势迅速蔓延，从上街的三眼桥一直烧至广济庵（今庄市小学），许多房屋毁于一旦，庄市街商户居民损失惨重。显然，“咯咯龙”再怎么厉害，也挡不住“火龙”的巨大破坏力。

大火过后第二年，孟河先生（庄可法）和乡绅庄云章发起创立了救火会。

庄云章年轻时在上海开设五金号发迹，是旅沪宁波帮的重要成员。1917年6月，庄云章和包雨塘、庄鲁卿、庄哲明、陈郊禾等4人发起，并得虞洽卿、叶子衡等138位旅沪同乡会襄助，各自认捐500元，募集善款3万余元创建同义医院（现宁波康宁医院前身）。

街后中央漕头有一座建于民国初年、占地面积500平方米的砖木结构楼房，名叫庄荣房，此楼有正屋五间，两弄、两厢各两间，屋主人便是庄云章，这是庄云章在上海发达后回乡建造的。

几位老人闲坐在东祠堂里叨老古。庄岳章86岁，庄永根85岁，庄放振76岁。从他们零星回忆的话语中，我们清晰了一些早年的事情。当时是由庄云章通过旅沪宁波帮庄市人的帮助，花费巨资从上海购置了一台比“咯咯龙”救火效率更好的“洋龙”，问及洋水龙的具体价格，老人们又是一番回忆一番论证，最后确认一台洋龙大约3000 ~ 5000枚银圆。

百年前傲立老街的火警瞭望台而今隐身逼仄的陋巷

洋龙就是一台用柴油发电的抽水泵，直径1米多、高不到1米，内部装有压力装置的聚水大圆桶。每有火灾需要“出龙”的时候，消防队员把洋龙以及水袋等消防器械抬到手推车上赶赴火场。如果火灾离河边不远，就直接把连接的水袋放进河里吸水。如果火灾现场不在河边，消防队员只能先把洋龙灌满，再用手推车推或者人工抬到现场。用洋龙灭火就像用打气筒给轮胎打气，比靠人力压杠增压出水快、效率高。一只洋龙分量可不轻，需4个成年人才能抬得动。

庄云章买的洋龙，在庄市周围方圆几十里很有名气。农历五月二十日的“水龙会”活动，附近村庄的救火会抬来各自的水龙参加表演。结果，永安救火会的洋龙因出水率高拔得头筹。镇海附近一带，都知道庄市救火会的“龙”最厉害。

穿过止所门头2号半圆形院门，院子里种着月季、虎皮兰、紫薇，还有藤蔓爬在竹篱上，生机勃勃。一座中西合璧三层灰白色建筑赫然耸立，这便是那座火灾瞭望报警台，也是庄市街唯一留存下来的救火会痕迹。瞭望台主

体框架仍然保存完好，东侧连有两根水泥空框架。林利年老人介绍，这框架原先有上下瞭望台的铁架楼梯，1958年“大炼钢铁”的时候，瞭望台上所有铁制的东西全部被拆去，丢进了炼钢铁的火炉中，人们就再也无法上下了。瞭望台底层的东西两面装有玻璃窗，玻璃大多已破损，里面堆着租户的杂物。一层房顶被分成九个方格，类似九宫格。正中间的格子里有一朵六瓣的梅花浮雕，梅花正中心横穿一根白色电线。其他格子里则是五个大小不等的同心圆。圆心有的穿着挂钩样的黑线，也许是当年用来悬挂火警钟或照明的灯盏吧。

没有楼梯只能站在院子里抬头仰望这座几乎被人遗忘的瞭望台。二、三层都是敞开的，四周的围栏上雕有三个连起来的菱形图案。三楼顶部四周围一圈栏杆是白色的罗马柱，整座瞭望台显得庄严气派。当年救火队员轮流值班，登上报警台观察远近有无火警，一旦发现情况，立即敲钟示警。根据火灾的不同方位，火警钟声也不一样，街南敲一下，街北敲二下，街东敲三下，街西敲四下。救火队员根据不同的钟声可以迅速判断火灾的方位和目标，带上救火用具飞速奔赴现场。当年，上海曾流传这样的顺口溜：“洋场高建火钟台，何处成灾报警来。听出两三知界限，无须探望把窗开。”宣统元年（1909）建造的上海小南门警钟楼楼高六层，耗资12000枚银圆。按此推算，建成庄市止所门头内的瞭望报警台大约需6000枚银圆吧。

1918年，庄市街发生大火，从福来柴爿店烧至新大布店（洋巷弄口），虽然有永安救火会和全街百姓全力扑救，但终究敌不过凶猛火龙，全街人望着劫难后的家园，悲不自禁。随之米价暴涨，原本还算经济宽裕的商户和居民一下子陷入赤贫，成了饥民。幸亏有农会、商会和叶氏义庄、周氏义庄等民间组织及时出手，捐办平价米店压制粮价，施粥救济灾民，让庄市街的百姓渡过了难关。

火灾让庄云章痛心疾首。1919年，庄云章再次出资在西祠堂创设了西祠堂救火会。同年3月，后倪村敦厚堂出资创设救火会。现存的敦厚堂屋始建

静卧在宁波帮博物馆内的菲亚特马达龙

于清晚期，坐北朝南，建筑占地面积近500平方米，是一座硬山顶砖木结构的中式“三合院”，正屋五间两弄楼屋，重檐阔桅楯，保存基本完好，局部有所损坏和改装。

宁波帮博物馆展厅里，陈列着庄市徐家堰村捐赠的一台马达龙。民国中期，徐家堰乡人成立咸安救火会，集资从意大利订购了一台菲亚特消防马达龙，面积约两米见方，长方形的铁架上置有水皮带、马达，后部横卧一只圆桶形贮油箱，贮油箱下部连接手摇杆。这台水龙的威力远大于“咯咯龙”和“洋龙”。马达龙旁边竖有三根两米多高的铁杆，杆子顶部分别顶着一只铁葫芦煤油灯，是夜间救火时赶路照明用的。马达龙后方的墙上挂有一幅“镇海县徐家堰咸安救火会四十周年纪念机龙成立大会”的大合照，照片中间是一台马达龙，前排站着头戴铜制救火帽制服统一的救火队员，后排站着捐款输资的乡绅。

马达龙的使用原理很简单，把进水管沉入河中，救火皮带往马达龙的出口处套好。一人摇动手摇杆，带动皮带轮，汽油燃烧产生热能，热能在气缸中转化为使马达运转的动能，动能产生动力，马达随之被发动开始轰鸣，水很快从河里被源源不断地抽上来，马达龙的水枪喷出来的水比洋龙更远更急，大大提升了救火效率。使用马达龙后，稍小一点儿的火灾很快就会被扑

救，大一点儿的火灾也能在最大限度上控制火势的蔓延。

书法家吴孝治在一篇文章中，详细描述过马达龙救火的情景：“记得五十多年前的一天，街上突然传来一阵急促的锣声，听到有人高喊‘着火了，着火了！’。很多人拿着水盆泼水，但火借风势越烧越大，大家急切盼望着水龙能早点到来。十几分钟后，马达龙先到了，只见救火队员个个都训练有素，有条不紊，随着一声马达轰鸣，水枪里的水射向火场，刚才还在肆虐的大火，一下子没了‘脾气’，几个救火队员爬上正在着火的房顶，挥舞利斧猛砍房顶，只听轰的一声，房顶塌了，这叫‘拔火龙’，只有让烧得厉害的房子塌下才能有效保住两旁的房屋。接着水枪集中力量浇灭两边房屋的火，不到半小时，火扑灭了。”

史杨芳老人曾经也是庄市街上的救火队员，参与过数次救火。每次参加救火任务时，会拿到一根竹签子，等火灾事故结束时，凭竹签子到救火会的账房处领取酬金，这些酬金视火灾大小不等，多的几角，少的只有一角。另一部分自发参加救火的人们，纯粹出自本心的见义勇为，不会领取任何报酬。

当年负责管账的账房名叫甘露，那时已50多岁的年纪。每次“出龙”结束，他都会把救火器材一一整理归位，破损的及时修理，每月一次检查，确保所有的器材处于完好状态，以随时做好“出龙”的准备。甘露如果健在的话，已有100多岁。

1937年，庄市庙桥头同泰当店失火，损失巨大。有马达龙及时出手，才没有造成庄市街进一步的损失。这个时期，从庄市街走出发迹的“宁波帮”又陆续在街周围建起了一些建筑，庄市警察所、沈润德堂、庄荣房、庄熙英宅、乐汝成宅等。很多外地人来庄市街开店做生意，各行各业，应有尽有。战争兵祸加上灾荒，从台州、余姚、慈溪、象山、定海等地逃来了数百灾民，开始在庄市种植和定居，使庄市街更为热闹和繁华，而救火的压力也有增无减。1949年以后，各地建立了专门的消防机构，但各地民间自助救火会，因其在窄小的街巷和小路上运行的机动性和灵活性而依然存在。

1958年全国大炼钢铁，庄市沿河堰地方建立东风人民公社钢铁厂，庄市街上救火会里原有的铁制救火器具、火灾瞭望报警台的铁制楼梯等被一一投入炼钢炉，化作一摊铁水，庄市街人迷惑不解，这到底是在干什么。不幸的是，1961年12月，蛟河倪大屋失火，全街人捶胸顿足眼睁睁看着火龙肆虐，一家一家烧过去，却毫无办法。这场大火烧毁了倪大屋还连带烧毁周围邻居23户，一老妇死亡。

到1973年，消防队伍建设有所加强，1976年，消防中队干部实行现役制，消防队伍向正规化建设迈进了一步。1984年，庄市街开通了自来水，这对消防救灾来说，具有划时代的意义，救火用水不再局限于河水、水漕，消防水栓接通了自来水管网，从根本上解决了问题。

1992年起，我国把11月9日定为全国消防日，救火消防有了专门的纪念日。我国统一的火警电话为“119”，则始于1982年，其有两重含义：一是11月秋天气候干燥，火灾多发；二是与“要要救”谐音。

20世纪90年代，镇海成立了专业消防队，加上镇海炼化的消防队，境内消防力量大大加强。现今的消防水车载水量从3吨一直递增至最高20吨，这是过去人们连做梦都梦不到的事情。随着改革开放的进一步深入，庄市街的经济和人们的生活不断向好，老屋旧舍大多翻新改造，新砌小楼随处可见，临街的商户也在不停变换门脸，所有的房子从木结构变成砖瓦结构，同时在所有的建筑里都设置了消防设施和消防通道，老街火灾发生率显著降低，即使偶有发生，只要拨通“119”火警电话，镇海消防大队或镇海炼化消防队就会迅速就近出警，几分钟内到达火灾现场。

老街上曾经的救火会已经消失在了过去的岁月，但止所门头的火灾瞭望报警台还倔强地屹立，它时刻在提醒人们，要永远记得为保一方平安的叶澄衷、庄可法、庄云章和为家乡作出过巨大贡献的宁波帮爱乡士绅，以及无数自发捐资捐物和出力救火的庄市先贤和义人。

不绝书声三百年

这所学校对家乡的贡献和影响远不止于培养了一时俊杰，其更大的价值在于赓续了三个世纪的文脉，让庄市这块宝地形成了一个兴学重教的巨大气场，历久弥新、持续不断地提高当地人群的整体智商。

水从三江口而来，流经甬江在镇海口入海。庄市就是甬江边上的一个水乡小镇。

你或许没到过庄市，但你一定听闻过这些人的声名：叶澄衷、包玉刚、邵逸夫……他们就是从庄市小镇出发，在镇海口登船辞乡，来到上海，又去香港，更远的去了欧洲、美洲。和叶澄衷及以前的宁波帮先辈不同，包玉刚、邵逸夫、赵安中这些后起之秀是受了近代文明教育的，他们的头脑里既有“四书五经”这些中华传统文化，也有英语、几何、解剖、测绘这些西方科学知识。这是他们行走天下的基础。而这个基础正是青少年时期在家乡庄市打牢的。中西文化科学知识兼修并蓄，使他们具备了地球人的眼界和世界人的基本素养，这一份精神储备至关重要，他们具备了19、20世纪闯世界的三大必备法宝：英语、勇气、知识。他们走向世界的自信和以后可圈可点的作为也正基于此。

居住在老街西南端“八四房002～003”号“龙头老屋”的吴忠引，自从嫁到这里已经度过了一个甲子的辰光。87岁的老人，依旧精神矍铄、思维敏捷。她喜欢在街河边晒太阳，看风景，或坐或站。说起孩提时求学的经历，吴老太还历历在目。她娘家就在老街东南角不远的东头陈吴家，那时读初小，从家出发就是沿着街河走，起点差不多就是如今的“八四房”。八四房的由来是这样的，据说这里曾有过大户人家，老爷八十四岁得子，邻人笑言“八四房”，由此就传开了，成了现在的门牌号。穿过现在的聚兴路，走过大方桥，途经横街弄、凉亭弄，擦肩街河上的庄市四桥、三桥、二桥、一桥，就来到了街河北20号的庄市小学。这段路少女吴忠引走了五年，直至小学毕业。

后来，她的几个孩子读书走的也是这段路。对于老街上的一砖一瓦、一草一木，每间店面，每个弄堂，每座桥，每个拐角，每个乡邻……她是再熟悉不过了：“我住街河这头，学校就在街河那头。”

今日，庄市街河北20号赫然立着两块牌子：其一是宁波市公安局镇海分局

70年前吴忠引老太就是走在这条路上，去庄市小学读书

庄市小学

巡特警大队；其二是宁波市公安局镇海分局警务技能训练基地。在老街只要随便一问老庄市人，大家都知道，这里原先就是庄市小学。镇海公安分局的这两个单位是2016年8月入驻的。早先的庄市小学，先是改名庄市中心学校，2011年9月又并入中兴中学。

由巡特警大队正门而入，一座不锈钢雕塑当院挺立。书本、天鹅、地球、五星造型熠熠生辉，似乎在告诉人们，这里原先就是一所学校。西北侧有一处壁棚，内立六块碑，分别是“庄市小学”“重建崇正书院碑记”“重建崇正书院捐目”“张公煜彪校董碑记”“崇正书院□□”“崇正书院捐”。仔细观摩，“庄市小学”四个大字的校名碑依旧清晰可辨，从右往左读，“庄”“学”两字繁体。字体镂空，暗红的色彩还非常显眼。露天陈列，日晒雨淋、风吹霜冻，石碑有些许断裂，字迹也有点斑斑驳驳。庄市已异地建成崇正书院，这些石碑会移至新校区。

拂去石碑上的尘埃，历史的回响犹在耳畔。清康熙五十八年（1719），庄市发生了一件大事：创立崇正书院。这所书院的诞生也影响促进了庄市以后200余年的走向。这一年，知县田长文会同庄市地方士绅在四方桥的地方，拆罗祖庵，建义学崇正书院，“召集贫寒子弟，就学训迪”。

乾隆元年（1736），移书院至庄市，延师课士。嘉庆十八年（1813），里人陈圭等集资重建。光绪二十七年（1901），树德堂叶氏、余庆堂方氏及刘琨、庄衮、苏丙森、陈予龄、张坤房等协力捐资万金重整书院。

崇正之名出自《后汉书·江革传》：“肃宗，崇礼而正之。”《孟子·离娄上》：“义，人之正路也。”《荀子·正名》：“正利而为谓之事，正义而为谓之行。”故取“崇”与“正”而名之。书院为庄市规模教育的源头，一代代庄市子弟走进庠序，读书增智明理，习修齐治平之道。乾隆元年（1736），邑人倪上乘、庄君懋为便于学子就学，将崇正书院移建于庄市进贤桥（即高洞桥）之北。嘉庆十八年（1813），庄市士绅重修崇正书院，增加了住宿学子，此时已有学子100余人。道光三年（1823），庄市地方士绅陈圭、张杰、倪起蛟等56人集资重建崇正书院。此次重建使书院增设讲堂教室，学子增加到近200余人，学堂规模达到历史最高，其影响不只是在庄市尽人皆知，在镇海县内也是屈指可数。新建校舍首次增设了教师寝室，教师可以免去每日奔波之苦。有了宿舍也可以延请远地名师来校任教。这对于提高教学质量是至为重要的。竣工以后，立石碑以纪念，镇海县知事郭淳章为此专门撰写了《重建崇正书院碑记》。

予位任以来，闻清泉乡有崇正书院废坏不修久矣，更新轫造规制悉备。陈君圭偕庄君海六司其事，而庄君黼华、庄君瑞昌、庄君以临、洪君炳炎、陈君机、周君大定、陈君福兴襄厥事焉。今年冬，陈君之子偿、庄君之子粤，乞予文纪其颠末，将勒石，以垂久远。予惟国家培植士子几百年，今皇上御极之元，擢用人才，持重甲科，由是通都大邑及遐陬僻壤之士，无不争自濯磨仰答至意，则斯院建其所系，岂浅鲜哉！按县志载：书院旧为罗祖庵，在四方桥右。康熙五十八年，邑令田公毁之。即其地而立义学，额曰：崇正书院。乾隆元年，邑人士倪君上乘、庄君懋建请于邑令杨公，乃移建于庄市

崇正书院重修碑记

进贤桥至北，东西乡之就学者便之，岁月既久，渐就倾圮，旁风上雨，不得肄业，其中几至鞠为茂草矣。陈君庄君志在重建，乃与里中诸绅士协谋，分立柱首而身服其劳，维时邑侯魏公首捐俸为倡，诸绅士以次出资，共襄厥事，鸠公庀材，维新是图。经始于癸酉年八月，落成于今年十一月，讲有堂，学有舍，退息有所，门庑斋住，罔不毕具。昔日之坠者以修废者，以举于以养育人材，可不谓盛世欤？予虽未尝一至其地，窃嘉陈君庄君之用心，故乐为之记之，遂书以塞其予之请，抑予尤领为多士告也。继自今肄业书院者，当顾其名，思其义，毋慕乎公利，毋羡乎声华，毋溺乎二氏之邪说，尊圣贤之学，为国家之正人，斯则可耳。若夫涉猎词章，驰鹜声气，而于崇正黜邪之道顿焉不讲，则非里中诸君建学之意，抑亦尔多士之羞也。

时在道光三年岁次癸未十一月。

赐进士出身、知镇海县事、加五级记录十二次、记大功三次，郭淳章撰。

清朝末年，西风东渐，尤其宁波从海洋与世界通商以后，文明进步的近代教育理念与科学知识登陆中国，一时间办学风起，宁波领风气之先，开办了一批中国最早的授讲科学知识和文化的近代学校。此时的清廷也顺应时变，旨谕地方广兴学堂。清光绪二十七年（1901），叶澄衷之子叶子衡等人以树德堂名义，会同余庆堂方氏、壁梧轩方氏、聚星堂周氏、余德堂余氏、刘崇照、倪传基、张坤房、庄衮、苏丙森、陈予龄等69人共捐洋银9080两，再建崇正书院。这是继道光三年（1823）之后的大半个世纪，崇正学堂又一次的大规模修葺建设。其中仅树德堂就捐洋银5000圆。时崇正学子已有300余人，规模再超前时，声誉闻名遐迩。是时举人陈云衢任主教，举人庄赓思任教习，岁贡倪邦宪任副教习。

光绪三十一年（1905），清廷废了科举。第二年崇正书院改为崇正两等小学堂，迁址至庄市街上广济庵内（俗称新庵），将庵内佛像一扫而光，学堂按照新法，改制了全部课文。至此，崇正小学堂就在现在街河北20号落了

脚。这也就是庄市小学的前身。清末小学堂，分初等与高等，这就是后来所说某某人初小文化程度、某某人高小毕业的来由。初等与高等二者合并设立者称两等小学堂。初等七岁入学，修业五年，后改四年，高等修业四年。这和今天读完小学和初中的时间一致，这些修业制度一看就知道是照搬了西方的教育制度。崇正率先改名改制，庄市境内其他9所学堂马首是瞻，也亦步亦趋随即改名改制。辛亥革命后，学堂改称学校，但本质上继承衣钵与前并无不同。民国时期，崇正书院又改名为崇正小学。1928年崇正小学更名为庄市小学。2001年，庄市小学更名为庄市中心学校。

300多年的时光里，有多少人走进了这所学校，又走向了社会，没有准确的数据。关于这所学校的传奇和荣耀，家乡人喜欢用宋炜臣、阮雯衷、苏丙森、庄宝康、朱之信、楼志章这些人物的名字来表达，这当然是因为他们作为宁波商帮的大贾巨擘，实在是声名显赫。然而，这所学校对家乡的贡献和影响远不止于培养了一时俊杰，其更大的价值在于赓续了三个世纪的文脉，让庄市这块宝地形成了一个兴学重教的巨大气场，历久弥新、持续不断地提高当地人群的整体智商。这是一种春风化雨的文化力量，虽然看不见摸

崇正书院新校

不到，却实实在在植于心田，像基因一样存在于人的精神深处。

桃李不言，下自成蹊。20世纪80和90年代，楼志章先后3次为母校捐资100余万元人民币，兴建了庄市小学大礼堂、门楼、教室、电化楼。

历史有时总是惊人的相似，有时又总是在还原。

2019年12月3日，对于庄市人来说，是个值得纪念的日子，一如300年前的那一天。这一天，崇正书院正式揭牌，同时该校挂牌为“中国科学院大学宁波材料学院附属小学”。中国工程院院士薛群基受聘为崇正书院名誉校长。

庄市中心学校改名崇正书院，300年竟是一个轮回。新学校位于镇海区庄市街道的汤家庙旁，具体位置就在街河北20号的老校区往西北400米处。崇正书院按60班小学设计建设，总用地面积48697平方米，总建筑面积46230.7平方米，总投资2.75亿元人民币。如今，新书院已经建成，师生已在2021年7月前整体迁入。

崇丘万物儒为道，正气千秋乐即诗。这是中国人传统精神里的一种向往，追求正气、大义，藉以成就自我教化社会。“崇”具有推崇、崇尚的意思；“正”具有正气、方正的意思，“崇正”含有育养正道之意，契合学校文化。崇文养正，明理成人。这是中国传统文化里的优秀成分，也是可以推行于将来的准则。如今，这“崇文养正”的校训正成为所有“崇正人”的核心价值观。

盛极一时的中医药

伙计收到药方，先粗看筛查一遍，缺少哪味立即告诉顾客。如不缺药，马上招呼顾客在柜台外椅子上等候。负责抓药的伙计展平药方用镇尺压好，铺好包装纸，用戥子称好药后，请另一位师傅按药方依次核对，无误后点头应允方可包上。

从晚清到民国，庄市先后出现了一批远近闻名的名医。不仅庄市老百姓，方圆几十里甚至舟山、台州、绍兴的患者也远道前来寻医问药，庄市因医药而声名远播……

倘能穿越历史，回到100多年前的老街，那是一幅什么样的光景呢？街河静流，舟楫往来，河埠头人来货往，老街上熙熙攘攘，叫卖声、寒暄声扑面而来。

一只硕大的葫芦悬挂在门楣下，惹人注目。走到门前，大门两侧有对联：“杏林折枝良医远志，悬壶济世荣誉当归。”“春夏秋冬辛劳采得山中药，东南西北勤恳为医世上人。”再往前看，药房敞门纳客，一排排药柜倚墙环列，上有长匾：“修合丸散，古法炮制。”高高的黑漆柜台，装药的木制格斗，戥秤、碾槽、铡刀、捣药罐一应俱全。

古代郎中行医，右肩背药箱左肩扛招牌，走村串巷，一边摇铃一边吆喝，故称“走方医”。后来，出现了药局、医寓、诊所、医院。光绪六年（1880），镇海人顾心田等在镇海筹立公善局，内设医局，施医舍药，成为镇海最早的医院。清末、民国时期，著名医生有孟河，擅长专科的医生有内科周之良、伤科王广利等。

孟河先生（1869—1949），原名庄可法，那为什么又叫孟河呢？孟河是苏南武进县长江边上的一古镇，这里就是孟河医派的发祥地，其医源可溯至三国时期。孟河医派传承有序，名医辈出。到了清朝，积集了一批学养深厚的大家，孟河医派因此成为名动中华的大流派。最为著名的有费、马、巢、丁四大家，这些名家开宗立派，广收门徒，孟河医派开枝散叶，声名炽隆。出身于书香门第的庄可法，世居庄市止所门，童年时就读于崇正书院，勤奋好学，酷爱民间文学。长大后，远赴孟河拜张太医为师，五年苦读《伤寒论》等医著药典，深得其师嘉许。1894年，返回庄市，在止所门开设医寓。庄可法医德高尚，人称孟河先生。他为亲友乡人医治不计酬金，对赤贫求诊者则免收号金，遇到危重病人，用自己出诊的轿子接送，至今乡里还流传着“医生的轿子让给病人坐”的美谈。孟河先生有开阔的胸襟，主动打破姓氏禁锢门户之见，向优秀的外姓弟子传授医术。周之良、曹之康、于之高、庄之新、包之才先后拜师门下，这五位高足后来个个成为一方名家。孟河先生擅长内科儿科，著《痧痘探原论》，精通伤寒治疗，有独特之功，疗效奇好，因之种种，人称“孟河华佗”。孟河先生乐善好施，关心家乡公益，曾领衔为崇正小学、三乡公益堂募捐。

周之良（1894—1967），字赓堂，庄市人，生于清光绪二十年（1894），父周鉴清系前清秀才。童年时受儒家庭训，好学爱书，尤爱古典诗文，少年时家贫辍学，只身赴沪从商，中年患指疾，返里改学中医，当地中医大师庄可法视其求学心切，纳为弟子。周之良苦读《内经》《难经》《金匮》《伤寒》

经典，钻研名医李东垣、朱丹溪、张隐庵、王孟英、吴鞠通、叶天士名著，渐悟医理。三年中随师临床诊断，好学善问，反复探索病理、药理，深得其师嘉许，允其自设诊所行医。

周之良先在庄市八四房设医寓，后移至庄市对街裕吉桥畔开诊。周之良行医认真负责，望、闻、问、切，从不草率，从早到晚往往只能医几个病人，所得号金微薄，仅供温饱糊口而已。但登门求医者却越来越多，他一如既往以治病救人、济贫为本，对赤贫病号免收号金，对急病求医者不分昼夜，甚至送医上门，处方中在确保治疗效果的前提下尽量用普通草药代替贵重草药，以减轻病人负担。他的医术、医道名闻乡里，但医寓中的装置仍简陋如前。同行劝他提高号金，他婉言谢绝，仅求糊口，不求置产。至今庄市人对他的医风医德仍称赞不已。他对西医理论亦颇为重视，孜孜不倦钻研盛在珩、余云岫等所著《内科全书》，时常研究运用，竭力主张中西医结合。他在医术上从不保守，经常与甬城钟一桂、吴涵秋、王宇高、周岐隐等名中医探讨。中华人民共和国建立后，曾出任庄市区联合诊所主任，兼任宁波地区肺病疗养院中医师。1967年病逝，享年73岁。

康宁医院

庄市名中医还有擅长内科的朱行琛（1890—1968）。据庄市的老人回忆，朱医生用药轻，而周医生用药重，但他们都会收到患者赠送的“妙手回春”“大医精诚”“医术精湛”“医德高尚”锦旗。

清末民初，西医大量传入中国。西医传入，

在甬上的地盘和社会影响逐渐扩大，但仍不能动摇中医的主导地位。《镇海庄市地方志》载，1936年全县有中药店42户，从业人员240名。中华人民共和国建立前夕有中药店80户，有西药店8户。1919年，镇海第一所西医院——庄市同义医院成立。

同义医院旧址就在今天的宁波康宁医院

庄市人选择中药，因为经济实惠、标本兼治。一般来说，补药、调理药比治病药稍贵一些。穷困人家伤风感冒舍不得吃药，煮些姜汤喝了发发汗就应付过去了；平常人家则走进药铺，按老经验买几味中药调理调理；富裕家庭会选择去看医生，把脉调养，滋补身体；那更讲究的就是富贵人家了，稍有不适就大张旗鼓折腾一番，说是未雨绸缪治未病。在民间，男孩子长到十四五岁的时候，父母会到中药店配些党参、黄芪等中药，促进孩子发育，帮助孩子长高个子。

民国时期，与药材经营相关的行业大致可以分三类：一是药材行，主要是采购中药原材料，从事批发业务；二是药铺，主要经营饮片配方及各种中成药的零售；三是参茸业，主要经营人参、鹿茸、燕窝、银耳等高档滋补品，多为批发兼零售。

西医传入前，经营药的店铺一般都称为药铺；西医传入后，经营中药的店铺依然叫药铺，而经营西药的店铺则叫药店。为药铺取名是一件非常重要的事情。以名号作店铺名是一种比较直接的方式，比如聚春堂、济世堂、益寿堂、恒健堂、福康堂等；有的则比较婉约，需要思考一下才知道是药铺，

比如百草店、芳草园、灵草之家、久安居、灵方殿等。

同治、光绪年间（1862—1908），庄市老街上开起了多家药铺，出名的有谦益斋、寿康斋、范滋德等，远远地就能闻到淡淡的中药味。走进药铺，柜台内侧靠墙摆放着一排排“百眼柜”。相传，百眼柜是从唐朝药王孙思邈采药用的大围兜演化而来。孙思邈常上山采药，随身带一个缝了很多小布袋的大围兜，每采到一种药就放进一个药袋内。采药虽多，繁而不乱，碰到急症病人，也能很快取出对症药物。后来药铺就效仿，制作了由很多小格斗组成的百眼柜。每一个格斗的入深都很深，一般都在两尺左右，门面上大多一格斗一药名，比如熟地、茯苓、丹参、远志、当归、陈皮、百合、山药、金银花、五味子等。也有一格斗二名或三名的，那是一些体积不大分量不重的丹石之药，比如龙脑、砗磲、朱砂、玳瑁、芒硝之类。至于名贵药材，比如人

中药房

参、虎骨、麝香、藏红花之类，则要另择地方妥善珍藏，所盛装器物也比较讲究，或青花瓷罐或高级带锁木匣；还有一些药，虽不名贵，但也需要单独放置，因为这些药容易串味。至于像麻黄、大黄等“虎狼之药”的经管就更为慎重了。

中药里有“浙八味”之说，是指浙地所产的白术、白芍、玄参、浙贝母、杭白菊、延元索、笕麦冬、温郁金。老街各药铺里，道地药材“浙八味”基本上家家都必不可少。

谦益斋成立于1880年前后，创始人为庄市人庄德仁，原址在河北街三眼桥处。谦益斋名称源于清朝文人高秉钧撰写的《谦益斋外科医案》。庄德仁后来传给儿子庄耀庭，庄耀庭传给长子庄起彪，庄起彪传给长子庄全兴。1937年2月，15岁的宁海人葛尚英经庄市做裁缝的亲戚介绍，来到谦益斋学徒，这时候的谦益斋已经是经历了半个多世纪风雨的老店了，老门板老柜子老罐子。店内就三人，老东家庄耀庭，也是兼职的坐诊医生，店员唐才云、乌宝福，负责抓药、炮制药材。葛尚英平时勤快又踏实，很受东家庄起彪器重。1944年，庄起彪招葛尚英为上门女婿。谦益斋大小姐嫁给了药店小伙计，这在庄市成为一时佳话。

1956年3月，在社会主义工商业改造的浪潮中，庄市成立了合作社、供销社、综合社、竹业社、建筑社、木业社。走过大半个世纪的谦益斋退出了历史舞台。公私合营后，葛尚英曾担任新合并的药店经理，负责采买药材。宁波缺少的药材如党参、黄芪、板蓝根等到上海买，常用药就到绍兴、宁海、天台去进。后来，贵驷、团桥、徐家堰头、湾塘、临江都被合并到庄市，药店则整合成一家，业务量很大。店内每天接待几百号人，号脉、抓药，忙得团团转。他们还研制药材配伍，制作十全大补膏、虎骨木瓜酒等，深受欢迎。

葛尚英在老街积累了极高的人气，熟悉的老人们喜欢喊他“老撮药的”，年轻人则尊称他“葛伯伯”。葛尚英还担任了好几届镇海县人大代表。如今，

中药柜

葛尚英是老街上最年长的一辈人，五代同堂，住在河北街一座有130多年历史的老房子里。老房子外面有一块古色古香的牌子简简单单介绍着谦益斋的辉煌历史："街河北路42号，为庄德仁于清朝光绪年间创办的一家百年药店。1956年，此店纳入公私合营，更名为庄市中西药商店，后改为供销社医药商店。"

2021年5月的一天，陈志荣作向导，我们拜访了葛尚英。老人正沐浴在初夏的阳光里，过着含饴弄孙的日子。采访时，葛尚英的女儿为父亲戴上了2019年国家颁发的"庆祝中华人民共和国成立70周年"纪念章。葛尚英让人拿出老家当——一杆精致的小秤，他摩挲半天才单手提起，稳稳当当。仿佛时光穿越几十载，回到了从前在谦益斋上班的日子……

街河北路28号，1950年代谦益斋、寿康斋、范滋德等药铺公私合营的地方，时为庄市供销社医药商店。2000年前后转制为庄市老街医药商店，目前负责人是庄市人包瑞伟。包瑞伟回忆，他接手时是1989年，算来已30多年了。在包瑞伟的陪同下，我们钻进低矮的二楼，这里还留有戥秤、碾槽、捣药罐、切刀、铁锅等旧物件，拂去尘埃，百年前的旧时光似乎重现眼前。

范滋德创始人为陈修榆。药店取名范滋德，不知是否含有楷模、滋养、医德的意思？庄市老街上还有一说，范滋德其实不叫范滋德，而叫万事德，就是说做什么事都要讲道德。

药铺是个特殊行业，卖出的药攸关人命，中药行追求“实与名副，财以道生”，老街上的药铺称量要讲究准星准钱，草药片剂必须货真价实，即便微利也要童叟无欺。药铺的抓药过程程序严格，伙计收到药方，先粗看筛查一遍，缺少哪味药立即告诉顾客。如不缺药，马上招呼顾客在柜台外椅子上等候。负责抓药的伙计展平药方用镇尺压好，铺好包装纸，用戥子称好药后，请另一位师傅按药方依次核对，无误后点头应允方可包上。生客、熟客一律拦在柜台以外，让店内伙计远离嘈杂，能平心静气地抓药，也是防止人多出错拿错药。药铺内有长条木椅，还有白开水。几家药铺乐做善事，以救人为第一，如此情怀被邻人称赞。穷人实在没钱店里会免费给药。

老街上缘何名医、药铺如此稠密扎堆？这还要从老街西南10千米外的药行街说起。

宁波人常说“伤风咳嗽，到药行街走一走”。宁波有一条千米长街——位于三江口附近的药行街。药行街原名“砌街”，原为李氏所砌，故名。1929年，砌街因中药商铺聚集而改名为药行街，沿用至今。《鄞县通志》记载，1906年到1930年，药行街有名有姓的药店、药行有58家。其中9家为药行，包括当年最有影响的元利，以及石板巷的懋昌、沙井巷的恒茂等；49家为药店，经营业务相对较大，且又各具特色，包括慎德堂、余生堂、明德堂、五中堂、宝盛等。

中医处方多味配伍，药材产自天南地北，又因产地而分上下，上好党参主产于山西，黄芪出自甘肃，茯苓主产于安徽、江苏。宁波是我国主要外贸港口之一，出口商品中有不少是中药材，而进口商品中也有不少是香料等中药配伍品。太平天国定都南京前后，战争一直沿长江进行，阻断了药材南北东西的流通，四川、云贵、湖广等地药材，不能走长江老路，只好过洞庭湖，入江西进浙江，再由宁波集散。地产浙药也由水路汇集宁波，一时间各种药材齐集，宁波成为了全国中药集散中心。到了清末至民国，宁波的中药材行业极为盛行，北京的同仁堂、天津的童涵春、上海的蔡同德等老字号大都长驻宁波坐庄办货，从业人员达500多人，采购资金达500多万银圆。

庄市是近现代享誉全球的宁波商帮的发源地之一。宁波帮从形成到发展的四代领衔人物中，庄市人独占鳌头，第一代人物方介堂，第二代人物叶澄衷，还有后来的包玉刚、邵逸夫……一代代庄市人从家乡走出，也不断刷新庄市人的眼界。当资本随着游子的平安信一同回乡后，做生意，置家产，办实业，便是理所当然的选择。

人常说“无宁不成市”，庄市和三江口水路相通，老街和药行街因药相连。于是，庄市老街商业兴起，店铺林立，摊贩云集，风生水起了。

清贫年代的露天电影

放映员各显神通，有人用玻璃片画插画，放幻灯片；有人现场用扩音机讲顺口溜、唱莲花落；有人敲铜锣、唱越剧，歌词都是现编现唱。

一块幕布，一台放映机，一部电影拷贝，瞬间将一个熟悉而又陌生的世界呈现出来，仿佛人世间的故事重来了一遍，又仿佛在预演人世间的未来。当电影以如此惊艳的方式莅临人间时，人类以前所有的经验都被颠覆了。世界上第一次出现电影技术是在法国，1895年。强

长江放映机

光把拍摄的形象连续放映在银幕上，看起来就像是在活动的形象。那之后，电影历经无声、有声，黑白、彩色，特技、立体等阶段的发展，终为地球的每一个角落喜闻乐见。

今天我们要说的庄市电影队，就是电影这条大河里的一朵小小浪花。

走遍庄市放露天电影

“各位社员们，今天晚上打谷场放映电影《渡江侦察记》……”炎炎夏日，正在田里夏收、夏种的人听到高音喇叭的这个广播，心情无比欢欣。那是一个文化极其贫瘠的年代，有电影看，就如同干涸的土地要迎来甘霖。放映员柯国强走到村口会向熟悉的人打招呼：“晚上有电影看了，记得来呀。”而今70岁的他回忆起当年的情景时，记忆犹新。

庄市公社电影放映队成立于1977年5月，直属公社党委，业务归镇海电影管理站（后来的镇海县电影公司）管理。此时，新中国成立电影管理局已28年了。这28年里，中国电影飞速发展。全国人民公社先后组建了电影放映队，配备人员，配置8.75毫米、16毫米胶片放映机和LD750汽油发电机。

在数字电影问世之前，常见的电影放映机以影片的宽度来命名，有固定35毫米放映机，主要用于城市电影院，称为座机。有移动式35毫米放映机，称为皮包机，用于部队或大型工矿企业礼堂。有适宜农村的16毫米放映机，后来又有了8.75毫米小型放映机。同一类放映机又有不同型号，如16毫米放映机有南京光学仪器厂生产的长江16FL型和南昌、兰州等地的各类放映机。电影放映设备虽然有不同的种类和型号，但它们的构造原理是相同的，都由输片、放映光学、还音、动力传动和电路五部分组成，五个系统的运行也是一个十分复杂的过程。

当年庄市公社总面积约27平方千米，下辖29个生产大队，农业人口2.5

乡村露天电影

万多。看电影是当时唯一的大众文化娱乐，饥饿需求导致电影放映供不应求。受刮风、下雨、停电等因素的影响，平均下来，每个大队月均轮不到一场。根据人口分布情况，放映队选择间隔放映。老街是首选，这里人口多，周边又有许多村落，群众可就近观看。

生产队接到通知，放映队晚上要来放电影，立马就打开高音喇叭广播出去。得知晚上有电影看，社员们哪怕还在田里劳动也会兴高采烈。队长招呼大家抓紧手中活计，今天可提早收工。那时候，哪里有电影的消息传得很快。

同样一部电影，三里五村的人们哪怕昨晚刚看过，也不会错过这机会。小孩子们更是欢呼雀跃，早早地把长凳、竹椅放到晒场占好位置，就等天黑。卖瓜子、甘蔗、棒冰的已经到来，放映场顿时就热闹了。

百看不厌的老电影

从20世纪70年代末开始，农村露天电影最红火。“文革”刚结束，文化领域一片萧条，一大批优秀影片尚未开禁。银幕出现最多的电影为三战，即《南征北战》《地道战》《地雷战》。还有几部前苏联译制片:《列宁在十月》《列宁在1918》。尽管如此，老百姓还是百看不厌。放映队所到之处，村巷空户。随着老影片不断开禁、新拍故事片陆续上映，民众看电影的热情更是高涨。

其实，“文革”后期先后拍摄了一些故事片，其中一部分为重拍片，如《平原游击队》《渡江侦察记》《南征北战》等，但“高、大、全”的时代痕迹太重，艺术性差，这些新片基本上都是新不如旧。十一届三中全会拨乱反正，明确国家工作重心转移到经济建设上来，文化领域重提双百方针，电影事业复兴。农村电影就是在这一历史背景下普及的。

说起这时期的电影，柯国强对当时热映的70余部故事片仍然记忆犹新，《405谋杀案》《爱情啊，你姓什么》《巴山夜雨》《丹凤朝阳》《第二次握手》《春从何来》……一般，放映员会骑着自行车到放映场地，设备则由生产大队早早派人从上一村挑来。等电影正式放映，晒谷场上人山人海，迟到者只能席地坐在银幕后面观看，又称“看翻背电影”或“听电影”。放着放着，年幼的孩子熬不住，困顿睡去。父母把他抱在怀里轻轻摇着，自己也不舍得回家。

随着改革开放的深入，曾被打入冷宫的经典古装戏相继复出，《红楼梦》《碧玉簪》等越剧经典特别受宁波人喜爱，尤其中老年。许多人尽管看过多次，但依然热情不改，各村请求电话不绝。放映员就辛苦自己，一个晚上安排两个村先后放映。尽管要等几个小时，大家心甘情愿，真是万人空巷看红楼。没有经历过那个年代的人，对于这种情景会觉得不可思议。上一场尚未结束，下一村早就派人带着稻绳扁担等候在侧。电影一结束立刻收拾放映设备赶往下一个放映点。焦急等待的人们看到放映员到来立刻欢呼雀跃。这是当年乡村露天电影的一道独特风景。

《红楼梦》《碧玉簪》之后，再次引起轰动的就是武术动作片。20世纪80年代初北影摄制的《神秘的大佛》开了新时期武打片先河，故事情节扣人心弦，武打场景精彩。之后，由李连杰主演的《少林寺》掀起了武打片的高潮。有村民连看10多场，放映员一见到他就笑："你又来啦。""来了，电影真好看啊。"

20世纪二三十年代，以《火烧红莲寺》为代表的武打片曾火过一段时间。后来抗战爆发，内地电影事业停滞。武打片转向台湾、香港，最著名的演员就是李小龙、洪金宝了，再后来是成龙、元氏兄弟。《少林寺》成为中国现代武打片的扛鼎之作，插曲《牧羊曲》更是脍炙人口，久传不衰。之后围绕少林系列题材，陆续上映了《少林寺弟子》《武林志》《木棉袈裟》等，观影状况均未超越《少林寺》。以崇武尚德为主题的武打片在中国电影史上占有重要的地位，也是当年乡村露天电影的主角，深受农民观众的喜爱。后来的《牧马人》《庐山恋》也颇受欢迎，曾引发一阵一阵的观影热潮。

这样的情景一直持续了十几年时间。到了20世纪90年代前后，电视机和VCD、光碟广泛普及且家庭化，乡村露天电影渐渐冷场，放映队也被私人承包，放映设备也要放映员自行携带前往，好在那时的机器设备已经轻便化了。

这期间，遇有村民举办婚丧喜事、老人做寿，或台湾老兵回乡探亲，也有邀约放电影助兴的。有的要求放两三天多场的，他们对影片要求较高，价格也会相对高些。进入21世纪，露天电影消失在了人们的视野中。最近几年，文化部门偶尔会派人到社区、乡村放映露天电影，但与当年的盛况相比已不可同日而语。

一名放映员就是一个文艺宣传队

“放映前，我开言，今朝勿讲啥东西，讲一讲糊里糊涂吴阿二。吴阿二，今年年纪五十二……对勤俭节约不注意……老朋新友旧邻居，36桌酒席全部给你来坐遍……”坐在凳子前，燃起一支烟，姚旭明一口气背出了当年创作的千字顺口溜。这是在农村宣传“勤俭节约”时，他根据村里听到的故事创作改编的。过了这么多年，一字一句，还朗朗上口。

姚旭明和柯国强、傅伟民一样，也是当年的乡村电影放映员，都隶属镇海老电影放映队。66岁的傅伟民，原汶溪电影放映队；77岁的郭小康，原湾塘电影放映队；63岁的姚旭明，原长石电影放映队；70岁的柯国强，原庄市电影放映队；王福增则是原河头电影放映队的。

老放映员

电影曾是个时髦的娱乐行业。1913年12月，上海成立中国自办的第一家电影制片公司“新民公司”。50年后，镇海成立了电影管理站。一批20岁出头的年轻人，先后加入乡村电影队，兢兢业业扎根基层，一个村一个村巡回播放电影。从此，电影深入镇海老百姓的生活。1979年，电影管理站升格为电影公司，同年，镇海城河路上建筑面积2341平方米的镇海电影院落成。影院大而气派，学校组织学生去参观、写作文，把它作为一处人文地标。1985年10月镇海撤县后，电影公司改名宁波市电影公司镇海、北仑管理站。

“最早的电影放映员都身兼数职。”傅伟民说，这个行业是香饽饽，能选中的人都是百里挑一的文艺人才，在农村放电影都带着宣传任务，放正片之前要放幻灯片、宣传片。放映员们为完成任务都各显神通：有人用玻璃片画插画，放幻灯片；有人在放映现场用扩音机表演讲顺口溜、唱莲花落；还有人敲铜锣、唱越剧等。所有的歌词都是现编现唱，根据上级布置的内容即兴创作。一名乡村放映员，就是一支流动的宣传队。至今傅伟民也还能拉开架势有模有样地来上一段小快板。十多个小段子，几百句词，带着嘎嘣脆的宁波口音，有节奏地从口中吐出来，一个一个石骨铁硬。他说，自己当年创作小快报，包括了好人好事、节约粮食、婚事简办等内容，都是现编现唱。在那个时代，年轻人被选中入行，那是十分的荣光。姚旭明说，当年有四大吃香职业：赤脚医生、代课教师、电影放映员、乡村广播员。这些都是上级从基层挑选较有才华的人去担任的。

“放电影不是什么高技术工种，但也是有技术含量的。”柯国强说。1977年之后，镇海县所属公社，包括现在的北仑区，总共有几十个公社全部组建电影放映队。为提高放映人员业务水平，1978年初，县电影公司举办了为期一个月的技术培训班。全脱产，吃住都在招待所。培训项目有电工基础、放映设备构造及工作原理、操作流程、设备日常维修、容易出现的故障及排除方法等。此外还有幻灯片基本制作方法，如怎样在玻璃片上构图写字等美工知识。学习期满后考核，各科成绩合格才能取得放映员合格证书。

放映员的好时光

镇海农村露天电影放映，大多使用长江牌电影放映机。放映员们收藏了一架长江F16毫米机，就放在招宝山街道车站路162号新电技术设备店铺内。

“日里荡荡，晚上一场。”这是外界形容农村电影放映员的作息状态。但是，只有在行业里摸爬滚打过的人才知道，下乡放映，除了表面的风光，还有风吹雨淋带来的膝盖疼、肩膀受重压的痛，叫“膝盖吃风头，肩膀背露水”，以及文艺创作的艰辛，偷偷练技巧的不易。

那个年代，放映员吃香，自行车由单位配备，个人办私事也“蛮有面子”。放映过程中，会有人不停递烟过来。小贩们则不时会送上瓜子、棒冰，顺带就打听出了第二天的放映地点。放映结束后，群众自发过来帮忙收拾电线、银幕，然后放入仓库。还有个约定俗成的福利，请吃饭。可能是一碗炒年糕，也可能是一碗菜泡饭。尤其是冬天，热气腾腾吃上一碗，驱散了凛凛寒冬带来的透骨冷意。也有隆重请吃的时候，其实，菜也不过尔尔，花生老酒一碟鱼，生产队书记、队长均会作陪。按规定接受请吃晚饭要交半斤粮票、两角钱菜金。因为有作陪，付费也改为了优惠价，有时干脆免单。

乡村电影鼎盛时期，镇海的公社放映员总人数达80来名。柯国强回忆说，刚入职时，恰逢镇海电影行业的黄金时光。尤其下乡，老百姓争抢看电影。无论走到哪里，放映员和他们携带的一套设备，都能引起一阵轰动。

好时光总是过得快。改革开放开阔了人们的娱乐生活，老百姓的业余生活多样化，不再眼巴巴期待电影了。从20世纪90年代开始，电影放映员渐渐自谋职业，自谋出路。

电影放映这个职业火了20来年，最终光芒散去。乡村露天电影虽已笙箫渐远，却始终为一段值得回忆的往事。

回顾从前，电影作为舶来品进入到中国已有一百多年的历史。就目前所知，中国人第一次看到电影是在上海“又一村”的一次游艺活动上，当年的上海人称其为西洋镜戏。此后电影这一新奇东西逐渐在上海、广州、北京、武汉等大城市发展起来。1905年，中国第一部国产片《定军山》诞生，同时也标志着电影事业在中国诞生。它是一部无声电影，也称默片。而我国第一部不完整的有声片《桃李劫》于1934年上映。中国电影从无声到有声，从黑白到彩色，单机到双机，再到现在的数字，环绕立体的巨幕电影，风风雨雨历经一个多世纪。

庄市人与中国电影

民国时期，一批宁波人撑起了中国电影的半边天，以张石川、邵醉翁（邵逸夫兄长）、任矜苹、柳中亮、柳中浩为代表的宁波籍影人为中国电影发展作出了突出贡献。1912—1949年，中国电影发展初期，包括宁波籍影人在内的早期中国影人，相继到宁波拍摄外景。宁波与中国电影的渊源由此开始，如果有谁想看一看百年前的宁波是个什么样子，不妨找那时的老电影去看一看。

邵氏电影

镇海庄市最为出名的中国

影人当属邵氏兄弟——邵醉翁、邵邨人、邵仁枚、邵逸夫，以及他们于1924年创办的天一影片公司。在天一，老大邵醉翁任制片兼导演，老二邵邨人擅长编剧，老三邵仁枚精于发行，老六邵逸夫擅长摄影。

天一影片创业之初，邵醉翁听闻宁波天童寺将举行盛大的传戒仪式，僧众达数千人。于是，他命公司高梨痕等人前往天童拍摄新闻片，兼为将来拍摄影片积累素材。当年6月初，摄影徐邵宇、女演员吴素馨及邵邨人、邵逸夫等，到宁波天童寺拍摄，邵氏兄弟把在天童寺拍摄的内容，连同在宁波拍摄的其他风光影像，共同编入公司创业作《立地成佛》。

《立地成佛》公映，大获成功。1926年邵氏兄弟拍摄梁山伯与祝英台的爱情传奇古装片《梁祝痛史》，再选宁波外景，还在《申报》上发布消息："天一公司开摄《梁山伯祝英台》新片，其外景采自苏杭甬等处，搜罗梁祝古迹，以符实情。"该影片由明星胡蝶主演，在讲述梁祝传奇的同时，作为梁祝文化发源地的宁波及其文化景观也随着影片公映出现在中国银幕上，邵氏兄弟的电影留存了宁波风光和人文历史。

尽管庄市人没有在哪部电影中露过面，但从庄市老街走出的形形色色宁波帮人士，却形成了近现代文化进程中的一道独特风景，以宁波帮为素材创作的小说、影视剧等文学艺术作品层出不穷。

邮政事业的先行者

在100多年的岁月里，庄市邮电支局多次更名，还两次搬迁。这两次搬迁相距不过数百米，却始终没有离开滋养它的街河。

从标志着“庄市镇庄市街河南40号”门牌号的老房子走出来，眼前的街河仿佛一位历经时光沧桑还依然慈祥和蔼的老人。谁能想到，这处斑驳墙面书写“南翔铅丝编织”的老房子，是庄市邮电支局最早的所在呢。

我们的故事，就从这里开始。

街河南40号

77岁的陆雪定缓缓推开街河南40号的大门。大门咿呀作响，就像60多年前初来到这里的样子。彼时，他是一名刚刚挎上邮电包的走班投递员。静谧的老房子在晨光中展示着苍老的身躯。房屋结构是民国式样的，红色木质的老式楼梯。楼上楼下一整排窗户，有一两扇窗户玻璃被打破了，就那样开

老邮政局旧址——庄市街河南040号

着，任由昆虫飞进飞出。孤独而寂寥。时光仿佛就凝固在了过去的某一个早晨的瞬间，从那以后，这里的一切一如当初。

“这里早就已经没有人居住了，现在属于房管所的房子。”陆雪定说。

这一处是一个时代的念想。曾经的庄市邮电所，可不是如今这般的寂寞。那时，这里每日都有匆忙的脚步进进出出，各式各样的表情在这里不加掩饰地展现，与之相关的就是来自天南地北的消息和发往世界各地的讯息。

镇海正式出现邮局是在清咸丰十一年（1861）。而现代邮政在中国出现，则是洋务维新过程中向西方照猫画虎学习的结果，所以最早的邮政业务是从海关邮政开始的，和海关管理一样，业务也是由外国人负责。

清光绪二十二年（1896），镇海县南门永安街创设镇海邮政局，始称大清邮政，后改为中华邮政。此后，镇海县境内县级出现了柴桥邮局、大碶头邮局、骆驼桥邮局以及万嘉桥、汉塘市、牌门头、压赛堰、青峙、团桥、霞浦张、龙头场、施公山等25个邮政代办所，以及扎马、郭巨2处信柜。

到了清光绪三十一年（1905），庄市建立邮政代办所，以代办信函业务为主。1952年8月，改设庄市邮电营业处，办理信函、包裹、报刊、电话、电报等邮电业务。同年10月21日，营业处划归宁波邮电局。1955年7月，复归镇海邮电局。1957年4月，改称庄市邮电支局，负责人为诸葛长春。1958年末，因撤县并市，撤销庄市邮电支局，改为庄市邮电所。1964年9月，复称庄市邮电支局。后因支局人数不足以称支局，又改为庄市邮电所。1969年12月，邮政和电信分设，分别成立邮政所和电信所。1974年2月5日，邮电合并，复建庄市邮电所。

就这样分分合合，庄市邮电事业走向了自己的鼎盛期。到了1980年，邮电所的在编职工有11人，其中话务员2人、投递员2人、乡邮员1人、营业员2人、机线员1人。1987年5月9日起，庄市邮电所开办邮政储蓄业务。1989年6月20日，开办邮政快件业务。1993年4月1日，代办特快专递业务。1995年起，办理移动电话业务。这一时期的服务范围，覆盖了1个居民区、25个行

政村、113个自然村，人口2.08万人，面积23.3平方千米。下辖路林、汉塘、万嘉、宁波大学4处邮电所。

彼时，庄市邮电所共有自行车邮路2条，单程长度8千米。自行车投递路线3条，单程长度45千米，平均日行程87千米。

到了1995年，庄市邮电所全年完成邮电业务收入519.6万元，电话普及率每百人15.26部。那个年代老百姓每月的平均工资不过一两百元，邮电使用费在生活中占了较大的比重。

一串铃声响　知是家书来

滴铃铃，滴铃铃，伴随着一串清脆悦耳的铃声，邮递员来了。这一刻，桂维诚已经盼望了好久。

20世纪60年代后期，知青桂维诚远离西安的父母，到庄市公社路林大队插队落户。桂氏祖宅在路林，这时候祖母尚健在，就在老宅内居住。这里以前之所以叫鹭林，据说是因为常年有白鹭在此生息。

桂维诚每天都想见到一个人：陆雪定。陆雪定是庄市老街上的邮递员，他是桂维诚的消息来源。“陆师傅骑车而来，从后面的路林小学沿石板路经过我家老宅旁边，一定会按响一串清脆的车铃声。”桂维诚说，一听铃声就知道是陆雪定来了。桂维诚急忙跑到门口问一声：“有我的信吗？”

中学毕业，远离父母，远离同学朋友，千里之外的家书是最好的慰藉。每每，陆雪定笑眯眯从邮包里掏出信，递过来，桂维诚接过去，心情无比欢欣。两人熟悉了以后，便简化了寄信的程序。有时，桂维诚没空把回信投到桥头小店旁邮箱里，就会在家门口把信直接交到他手中，看他放入绿色的邮递包中，心里马上就踏实了。在接下来的日子里，他又开始惦记何时才能收到家里来信。“一般，信从庄市寄到西安需要四五天。”桂维诚说，父母亲每月寄给祖母的20元生活费，陆雪定会让祖母在汇单上盖章后就直接付讫了，这样省去了桂维诚步行2.5千米到庄市邮电所去取钱的时间和路程。

几十年过去了，桂维诚从风华青年变成了鬓发染雪的老者，多少人事都淡忘了，唯有陆雪定始终是他心里最为温暖的回忆。这样的情愫，对于今天可以瞬间和地球任何角落的人取得联系的地球村人来说，是难以理解的。但在那个年代，咫尺尚且天涯，何况千里之遥。镇海报原总编辑徐志明先生和桂维诚同时代人，境遇相同，也有一段情系乡邮员的故事。当年，他和鄞江邮电局投递员严福求常打交道，成为好友。1978年高考录取通知书开始下发，徐志明的心天天在打鼓。600万考生只录取40万人，7%的录取率，太难了。当严福求看到信函上有徐志明三个字时，也兴奋得不得了，立马就单跑一趟给朋友送过来。至今，提到乡村邮递员，徐志明仍会说："是啊，很亲切的，很亲切的。"

收发信件、投递报纸、通知书、挂号信等，只是邮电支局其中一项业务。随着时代变迁，又慢慢扩大了业务范围。电话、电报、汇兑等业务就是后来跟上的。

兴隆村原村书记庄德章回忆：20世纪90年代前，打电话还是很稀奇的事，尤其长途电话。90年代后期，邮电支局内设立了一个小的电话隔断室，供老百姓拨打电话。空间极小，仅能容纳一个人。不过，老街上来打电话的人也不多，加上老底子板壁隔音差，隔间里"喂喂喂"地说，外间的人其实都能大致听得到。要拨打上海、广州、北京等地的长途电话，就不能直接拨号了，要告知工作人员，说明所要拨打联系的地址或单位和号码。工作人员核准后再为客户作代理，查找并代拨号码，待拨通后有了应答，再提示打电话的人去指定的电话间听电话。通话结束，支局根据客户通话时间计时并结合所通话地区位置收取相应费用。

邮电支局也有发电报业务，按字数收费，常有人会为节省一个字的费用，绞尽脑汁抠字眼儿。打电报的人比打长途电话的人更稀少。打电报时，因为标点符号也占一个字符，所以也按一个汉字收费。甚至因为缺少标点符号，理解错了电报内容，闹出笑话有之，还有把意思理解反了，弄得两头一阵紧张。

两次迁址

在100多年的岁月里，庄市邮电支局多次更名，还两次搬迁。这两次搬迁相距不过数百米，却始终没有离开滋养它的街河。

第一次的旧址便是街河南40号，老底子的商行全兴行隔壁。老街老门头，老房老建筑。进门就是营业厅，老百姓进门就能办事。“大门西向头，跨进门就是一个房间门改造的南向营业厅。”陆雪定回忆说，不大的屋子里有时业务相当繁忙。柜台前人来人往的，街坊们在老街走着、劳作着，顺道就走到邮局来办事了。

从新兴事物到老百姓离不开的生活场所，庄市邮电支局的兴旺和街河两岸宁波帮人士的外出经商趋热有着莫大的联系。对外联络、邮寄生活费、拍个平安电报、收发信件、打个电话，老百姓第一时间想到的便是到营业厅办理。

里面对着大门的一间是原先的话务间，用来放置电话总机等。楼上则是话务员值班、休息室和没有住处的职工的住所。陆雪定曾经在这里就有过宿舍。庄市邮电支局搬迁后，旧址先后做过庄市供销社、南翔铅丝编织厂的营业、生产场地。无论是哪一种用途，此地都与老百姓生活息息相关，闹猛一时。如今，繁忙不再，整栋房子都空了下来。听老街人说，此处房产属于房管所。周围老百姓有一个心愿，希望街河南40号在即将到来的老街改造中保留原貌，甚至能根据往日的用途，仿造旧貌，恢复一两分，将这段历史用实物永久地保存下去。

新邮政局

沿着街河往北走上200多米，见到了一幢水泥造三层小楼。20世纪60年代，庄市邮电支局首次搬迁后就挪到了此处。

站在门外，里头传出了机器的嘈杂声。这里已经改为手工加工场了。黑乎乎的楼房里，排开两列电子缝纫机。10名四五十岁的女工埋头在机器上干活儿。她们不愿意跟陌生人搭讪，因为说话会耽误她们出活儿。现代人的压力在这些中年人的身上显得很突出，她们的表情、眼神都透着焦虑。

陆雪定熟门熟路地走进去，带着我们一处处讲解。女工集中缝纫的场地是原先扩大过的营业厅，这里的面积是街河南40号营业房的好几倍。人员也增加了好几名。再往里看就更暗了，老先生说，那些看不出一丝光亮的地方，实际上还有好些房间在那里，有话务间、机房、外线班等。记得二楼是宿舍，给值班员休息和没房子的人住宿用。三楼是办公场所。

20世纪80年代，庄市邮电支局再次搬迁。这幢小楼整栋出售，那时地价

低房价也低，三层楼才卖了12万元。

从小楼往东一折，再走200米，就到了老街边上的停车场。这里是原庄市大会堂所在，庄市邮电局就在旁边。绿荫遮蔽门头，院子里停放着几辆邮政快递车。一个胖小伙儿从门头里精神抖擞走了出来。

在老街人口中，这片地方被叫作“庄市公园”。邮电局的性质也变了，从送信件报纸又增加了邮政特快和快递投送、邮政储蓄等业务。走进邮电局，那里的新员工基本都认识陆雪定，都唤他一声“阿定伯”。

走进略微有些陈旧的邮局投递室，陆雪定说这里应该还有些看头儿。果然，室内保留着老底子的木质分发单格柜。过去分拣报纸信件就在这个柜子里，他们用格子标注片区地名，把信件报纸等投放到格子里。几个格子就是一名投递员当天的工作量。

当年，陆雪定工作的时候，投递室不大，但这些格子里面却都是满的。转移到邮包中，就是整整一二十公斤的分量。如今看来，这些格子是填不满了，大多数都是空着的。

通信技术的进步，转眼间就把一个时代推进了博物馆。

走出邮局不远，依然能看到路边的街河静静地流向远方。

100多年光阴流逝，街河上行驶的船只从老底子的百官船、乌山船、尖头船，到后来的田庄船、脚划船一直到水泥船、挂桨机船。船只类型变了，河岸两边风貌也渐渐改变了。人类的社会总是在推陈出新，这就是生活。百年间，邮电人的工作内容也一直在不停转变，只是在最近的二三十年间，变得实在太快了，快得让80岁的老太太也要赶紧学会打视频电话。

老街：乡村邮路的原点

尽管外围大线路通上了汽车，但一些乡村邮路依然靠邮递员从步班邮路走起，直到通上自行车路。至1986年底，庄市—汉塘仍在镇海邮电局的自行车邮路名单上。

弯弯的中大河流经镇海大地，两岸的青石板路，蜿蜒着越过田畈伸向远方的村庄。

乡邮员一年四季走在邮路上，用脚步描画自己的地图。

春天的油菜花，夏天的芋艿秧、荷花叶，秋天的稻田，冬天的树枝与江南依然带着绿意的灌木丛。大自然用四季美景，犒赏这些背着邮包的人，只有他们，才会领略四季的况味。因为只有他们，才有机会一边劳作，一边仰起头来打量这常年不变日日如新的山河。去年今时，这里可曾是这样的风貌？而眼前似曾相识却绝不是旧日光景。荷锄而归、赶牛耕田、买菜妇女、赶集商贩……不也是风景旧曾谙吗？

这是庄市乡邮员的幸福。这份幸福的原点在老街。老街是每一条乡村邮路的起点。

乡村邮路史

镇海的邮政邮路，按照路途分成两类：步班邮路和水道邮路。步班，就是迈开双腿走在陆地上，把信件投递到收件处。水道，则是通过船舶运达。

1998年出版的《镇海邮电志》对镇海邮政邮路的缘起、发展和业态丰富情况、行业景气情况都有记载，其中提到了庄市乡村邮路的发展过程。

说起来，邮递这个职业在中国最早可以追溯到宋朝。当时由驿夫充当“快递”，传递公文。驿夫分为步驿、马驿、急递。遗憾的是我们的古人并没有从驿站创新出服务大众的邮政业。现代邮政由西方人创制，到了清末我们才依葫芦画瓢设立了邮政局。光绪二十二年（1896），镇海创办邮政局，邮件由信差投递。中华人民共和国建立初期，镇海县境内投递均为步班邮路，邮件运递主要依靠人工手提肩挑。

1922年9月，鄞镇慈公路通车后，沿途各局、所邮件委托汽车捎带，为委办汽车邮路，全程44.24千米，其中镇海境内长度为31.82千米。该条邮路从宁波鄞县出发，经过压赛堰、团桥、骆驼桥、清水湖、觉渡市、澥浦、邱泽、龙山西门外、施公山、慈北裘市、沈师桥，终点是观海卫。1925年，宁穿、镇骆、镇大等公路相继通车，沿途各局、所邮件也委托汽车运带。其中，镇骆邮路途经俞范、后施、贵驷，到骆驼桥后与鄞镇慈邮路衔接。

1931年，邮件投递至汉塘。当时镇海境内共有25个邮政代办所，汉塘是其中之一。代办所的雏形原为设在乡村的店铺，邮差把邮件送达店铺，由店铺老板伙计代为接收，再由村民自己来领取。抗战胜利后，乡村邮件由乡村派人分送，这就是最早的乡村邮递员。当时的分送多数为免费作业，或是保长托人相送，或是乡长按户派送。

20世纪50年代，庄市邮电营业处在下辖村也曾设有代办所。据祖籍路林的桂维诚老师回忆，1949年，他的爷爷桂应堂因所供职的外洋轮滞留香港而失业，后由上海返乡，赋闲在家。后来在鹭林上庵跟老宅办起了鹭林邮电代办所。桂维诚至今记得，当年爷爷用毛笔写好“鹭林邮电代办所”七个大字，再将大字沿边缘剪下，贴在老宅楼下板壁上。那时还没有简化字，繁体的“鷺、郵、電、辦”这几个字笔画特别多，所以至今印象深刻。代办所的主要业务有：代寄包裹、挂号信，以及汇款、电报等业务，爷爷用小字写了也贴在窗边。这就给鹭林村和附近的人们提供了方便。他爷爷负责接待办理业务，帮忙的还有一个20来岁的姑娘叫刘燕娟，现已80多岁，定居于庄市。当年她每天步行往返，到庄市邮电营业处转交办理所代理的业务，顺便把信件、包裹、汇款单、电报等带回分发。桂维诚至今还记得一个细节，爷爷在1955年冬季病重卧床不起，刘燕娟不会写“黄巖（岩）”的地名，特地上楼去问卧床的爷爷，爷爷提笔写了这个“巖”字；还叮嘱小刘到庄市营业处拍电报到西安，让其子速电汇几百元供他去医院就医。谁料他第二天竟撒手人寰了。爷爷去世后，鹭林邮电代办所也停办了。

乡邮员一直靠步行投递邮件，1949年以后，他们的工作条件不断得到改善，服务水平也逐渐提高。1950年11月16日，镇海至大碶头乡邮第一次采用自行车投递。1957年，自行车邮路增至135千米。

1969年，镇海到宁波以委办汽车邮路为主。1970年改为自办汽车邮路。1976年，宁波局新辟到镇海的汽车邮路，路线为宁波、镇海、俞范、贵驷、骆驼桥、庄市。每天上下午各一班。

1981年，镇海境内邮路全面实现自行车投递。

尽管外围大线路通上了汽车，但一些乡村邮路依然靠邮递员从步班邮路走起，直到通上自行车路。至1986年底，庄市一汉塘仍在镇海邮电局的自行车邮路名单上。

随着交通工具改进，庄市邮路投递先后采用过二轮摩托、三轮挎斗摩托，后采用汽车投递特快专递。一代代穿梭来往的邮电工，常年不懈穿梭在

庄市的乡村大地上，绘就了自己的邮路地图，他们也成为了一幅幅时代乡村风貌图里不可或缺的角色。

乡邮员陆雪定

陆雪定是镇海邮电行业的“名人”。他17岁入行，37岁入党，先后担任过邮递员、庄市邮电支局局长、宁波大学邮局相关负责人等职务。在邮电行业辗转40多年，与邮电绿打了大半辈子的交道。虽时隔多年，但庄市邮电支局所辖的每一个地名，他依然可以清清楚楚地一一道来。

“从母亲手中接过绿色的邮袋，意味着正式接手了这份‘走来走去、递递送送’的工作。”陆雪定说。日复一日的行走奔波。没有精准的计量，说不清陆雪定究竟走过了多少路程，他不记得磨坏了多少鞋子，报废了几个邮包。

母亲有些佝偻的背影走在乡间的田埂上，身上斜背着一个邮包，里头装着厚厚的信件、报纸。身后，懵懂天真的孩童一蹦一跳跟着，时不时停下来拔一棵草、嗅一嗅花、追一追蝴蝶。男童不知道妈妈要走多久，他只知道，跟着母亲便是快乐的、无忧的。

这一幕，在陆雪定脑海里挥之不去。

陆母是庄市汉塘邮电代办所的一名老邮电工。孩提时代的陆雪定，每周三、六、日，都要跟着母亲一起去送信。陆雪定说：“母亲一边走一边指示周围的环境，教我认路。”此时的他，不知道母亲心里的打算。原来，陆母因年岁渐长，健康情况不好，早早有了培养儿子做邮递员的念头。陆母的想法是，在庄市做邮递员好歹在家人身边，总比那些年龄相仿的小后生远离故土，去上海做学徒强。

1961年，陆雪定17岁，正式子代母职到庄市汉塘邮电代办所上班。新老两代邮政人正式交岗，母亲把邮包亲手挎到儿子身上，把曾经无数次交代过的事情又嘱咐一遍。不久后，母亲就病逝了。

上班要过的第一关便是步班。每一天，陆雪定都要从汉塘邮电代办所走到庄市邮电局取信，带回来分好路线，再送到四乡八邻的收信人手中。“走路全靠两条腿”，陆雪定回忆说，他要从庄市走到西陆、联丰、双桥、甬江窑厂等。等走到窑厂，基本已是中午饭点。窑厂是用来关押犯人的，四面有公安站岗。

吃完饭，到了下午1点钟左右，陆雪定走到龙王堂，随后一路走下去分别是：甬江汇头、外夏、里夏、半路张、汉塘林家桥头、张家、杨家、刘家、老鹰湾。夕阳西落，一天的班结束，陆雪定回到邮电所归班。上班叫步班，下班叫归班。

这一天走下来，从早晨7点出门，下午四五点到单位。风雨无阻。邮电的路一天也不能断，每天30 ~ 35千米，这是他必须走完的行程。

母亲去世，对陆雪定来说，就是家没了。他没有了住处，晚上便睡在邮电代办所宿舍。两条小腿酸汪汪，两只脚底磨得火辣辣地痛。“邮路邮路，走上邮路，双腿打鼓。”陆雪定这才真正理解了老乡邮员这句俏皮话的含义。直到现在，他还能清晰地感受到，脚底皮上传来的那种痛感。一阵一阵，好像深到了骨子里。

步班走了整整3年。这3年，他在老百姓的心中，从“那个面生的小后生”走到了老远就迎面而来的热情招呼“小陆，小陆来了”。

1966年，镇海县搞“四清”运动，县教育局张同志跟着陆雪定走了一天，体验邮电系统基层工作。他走得脚底起泡，回去就说：“邮递员辛苦，实在是苦。”

在陆雪定的记忆中，庄市乡间小路坑坑洼洼，什么路都走过。马路、水塘、机耕路、河塘边、堤坝。回想往事，往事在他的记忆中已经成了一幅模糊的画。那些景看上去和多年以前的也没有区别，但实际上往大的概貌讲，

变化还是极大的。陆雪定说，多年以后回头看，一幕一幕不会再来。

步班实在是太累了。陆雪定看见街上偶尔驶过的自行车，羡慕得眼睛发直，他做梦都想有一辆自行车。

1964年的一辆自行车属于家庭大件。他想买一辆。老街车行伙计陈文康给他做了一个估算，一辆车大约需要100多元。他当时月工资16元，需要不吃不喝1年多才能攒齐。这是不现实的。怎么办呢？陈文康指点说，每个月分拆购买一个自行车零件，买够零件就能帮着攒一辆。

陆雪定觉得可行，开始付诸行动。他每个月最大的盼头就是买自行车零件：72根钢丝辐条、前后轮子、把手……一直等到工资涨到了一个月23元，他终于攒够了一辆自行车的所有零部件。陈文康帮他组装了一辆28寸大自行车。车辆有些笨重，但却是陆雪定忠实的好伙伴。蹬着轮子，飞快穿过马路、村子、小巷，风呼呼地在耳边掠过，速度给他带来了前所未有的快感，就连身上的邮包都觉得变得轻了。“有车就是好，送信又快又好，脚底不再疼得火辣辣的。”陆雪定说。

自行车到手，陆雪定开心极了。他没有想到，不久后便会发生一件事，把自行车变成了“公家”的。不久后，上级部门来了个文件精神，说是邮电局搞“经济主义”，多发了陆雪定的工资，要退赔。陆雪定欲哭无泪，他对局里说：“我手头实在没有钱，这样，我把自行车折算给邮电局吧。”经此一番操作，车子虽然归陆雪定工作使用，但性质却成了公家的。

后来镇海给支局所分配了转为正式职工的名额，用工性质从代办转为自办，小港、白峰、大碶、庄市、镇海各有1名。陆雪定很幸运被选中了。这下算正式工了，有了正式的邮电自行车、全套绿色制服、邮电挎包等。全部穿戴起来，别提有多自豪了。

吃邮电饭要和老百姓打交道。认路第一位，嘴巴甜是第二位。

陆雪定踏上送信路后，会遇到以前从来没有听说过的路名。他只能一路喊着叔叔伯伯阿姨外婆等，请别人指路。以前庄市区域，路牌不标准，住户比较分散，根本没有规律可循。要想把信顺顺利利送到，没有好的眼力、口才还真办不到。走着走着，陆雪定就和送信路上的居民熟悉起来。渐渐地，他们都把他看成了自己的家人。

送信路上，河塘阿婆的故事是最为难忘的。

庄市半路张有一位70多岁的独居老婆婆，别人都喊她河塘阿婆。她为人和善。河塘阿婆有个儿子在上海广源中学做老师，隔一段时间就会给她汇生活费。当时取汇款来来回回要过几道程序：邮递员送汇款单、接收人敲签名章、本人到汉塘邮电所取钱。汇款单上数额不算多，一般都是5元、10元，但这是阿婆过日子的平安钱，少不得。

阿婆的腿脚不便。她和陆雪定熟悉了以后，便委托小伙子代为取款，提前办好相关手续后，送信途中顺带捎钱。这其中寄托了阿婆一份沉甸甸的信任。暑天，陆雪定走到半路张，一般已是下午3点左右。河塘阿婆总会替他准备两样东西：一脸盆清水、一搪瓷杯晾好的白开水。夏日走得又累又渴，阿婆的清水白茶沁人心脾，甜入肺腑。陆雪定喝水洗脸，谢过阿婆后，匆匆继续赶路。

阿婆的最后一程人生路，也是陆雪定送行的。那一年，他照往常一样路过半路张，阿婆邻居叫住了他，说："小陆啊，河塘阿婆两天没起来了，你去看看她吧。"

河塘阿婆住在一幢小二层楼上。陆雪定先在门外喊，叫不应。他抬头看去，阿婆卧室窗子有缝。他借了把梯子爬到窗外继续喊。隐隐看到床上似乎有人，但没有响动。推窗入室，撩开床上罩着的帐子，才发现阿婆一动不动，怎么都叫不应了。陆雪定对着楼下大喊："快来人了，阿婆没了。"

就这样，给陆雪定准备清水白茶的阿婆，没有人知道她究竟什么时候离世的。但陆雪定说，待自己像亲人的阿婆离去，心里那种滋味永远不忘。

往事如烟。陆雪定描绘了一幅这样的画面：多年以前，盛夏季节，毒辣辣的日头挂在空中，他走在田垄间，脆瓜、西瓜、黄金瓜，滚满了产瓜的农

田。风吹绿浪，瓜香阵阵，心旷神怡。到了秋冬季节，老百姓就会把炒倭豆、年糕片等地道宁式小吃塞到陆雪定手中，请他一定尝一尝。你难以想象，这对于一个孤身走路、又经常饥肠辘辘的人来说，这是一种怎样的抚慰。陆雪定还能从关系良好的部队处偶然改善一下伙食。驻扎在三官堂的是象山过来的6412部队，有生产连、炮兵连等。部队每次会餐，连长梁子禄和指导员乔福才都会专门吩咐司务长喊上陆雪定一起吃饭。慢慢和炊事班的关系也搞好了，每次做馒头、肉包时，他们也会提前跟他打招呼："嗨，我们今天打算做包子了。"陆雪定心领神会，到常洪送好信后折返，加快脚程，走到部队吃几个包子，谢过他们再走。

止所门头：富商居、名医门、瞭望台

在老街即将走到尽头时，他指着两处砖瓦墙交界处说，到了，这里就是止所门头。止所门头，非但意义不易理解，在宁波人口语中，说出来也是非常拗口的。

因商而建，因医而名，因警而敬。这三句话，说的是庄市老街上的止所门头。

这三句话道出了它300多年间的缘起、变化和风流。作为一处有着太多故事的老房子，它收藏的历史实在是太多太不简单了。

明朝末年，庄市人庄士英中进士，授官汉州（现四川广汉、德阳一带）知州。任职久了，嫌恶藏污纳垢的官场腐败和黑暗，后辞官在福州、泉州一带经商，经营丝绸、茶叶、陶器、瓷器。有研究表明，“宁波帮”肇启于唐朝，明清薪火相传，于民国厚积薄发走向兴盛。庄士英应是早期宁波帮的接力者和造就者。庄士英发迹后，回到家乡庄市，在现老街止所门头1号建造了大屋，名为“止所”。

于今天的人来说，止所是一个奇怪而费解的名字。

夏秋之际，阳光仍然炽烈。兴隆村原村书记庄德章是个热心人，尽管75岁了，仍精神矍铄。上午8点多，他兴致盎然地带着我们走在人声鼎沸的老街上。沿街店铺一个紧挨一个，菜、肉、点心、面散发出各种味道，混合弥漫。熙熙攘攘的人群把街市填得满满当当。早市虽已近尾声，但气氛依然热烈。

随着庄德章一路向北，在老街即将走到尽头时，他指着两处砖瓦墙交界处说，到了，这里就是止所门头。止所门头，非但意义不易理解，在宁波人口语中，说出来也是非常拗口的。

其实这四字要拆成两部分：止所和门头。

“止所”是庄士英的家训。即“为人君止于仁，为人臣止于敬，为人父止于慈，与国人交止于信。”有了这四句，止所理解起来就不困难了。达则兼济天下，穷则独善其身。居庙堂之高则忧其民，处江湖之远则忧其君。致君尧舜上，再使风俗淳。这是典型的儒家士子的思想和做派。古代读书人有这样的思想是再正常不过了，可以说，这其实就是那个时代的主流意识。庄士英所做的这个家训，强调的就是典型的君臣父子的纲常伦理。这里包含着那个时代的政治理念和道德规范，扣合那个时代的社会结构、家族衍生、伦常秩序和个人行止。

后来有民间学者考证说，止所二字出自《诗经·玄鸟》“邦畿千里，维民所止”，这句话的含义是：都邑周边千里远，都是商民居住地。这种解释，综合时代特点和作者的身份，有过于宽泛之嫌，尤其作为家训，更失之空洞。

门头是地方方言，可以理解为住家、家门、家庭。与另一个称谓：台门，所指大体一致。就一般而言，矮小简陋的门户是不被称为门头、台门的。

止所门头的大门牢牢栓住，长年不开。庄德章推开侧门进去，大家鱼贯而入，往前看，却是深深的回廊。

资料上记载的止所门头，为坐北朝南，由正房、花厅、厢房、后厢房组成。这是典型的中国古典建筑格局。除花厅外，均为硬山顶砖木结构。

现在展现在我们眼前的房屋建筑，正房梁柱粗大，象鼻雕刻精致，砖雕门头考究。然而，花厅门窗损坏得已经很严重了，前西厢房门窗显然经过了现代化的改造，从式样、风格和材质就看得出来。屋檐局部封了檐板，檐瓦也已深度糟朽，处于随时脱落状态。

回廊中央边上，矗立着一座外观较为完好的三层楼建筑。这就牵涉到我们后面要讲的故事，名医孟河先生，和他牵头建立的永安救火会、三层瞭望报警台。

孟河先生庄可法在止所门头开诊，心肠好怜贫恤困，医术高明被称华佗转世。止所门头也因此声名远扬，一时成为周围老百姓口中良医名医的代名词。

庄可法有了积蓄后，又开始热心公益，施惠于社会。总之，在那个年代，庄先生就是一个品德高尚的文明乡绅。

民国二年（1913），庄市街遭遇大火。连片木结构房屋火势迅速蔓延，从上街三眼桥一直烧到广济庵（今庄市小学）。许多房屋毁于一旦，庄市街商户居民损失惨重。这一场大火，让孟河先生心疼不已。他决计要解决老街火患的问题。而在当时，能够做到的也就是及时扑救，他把心思就放到了建立救火会上。

庄可法多次和乡绅庄云章协商、筹划，最终他们拿出了一个集资建设方案。1914年，庄可法和庄云章以身作则，率先捐资。再向当地乡绅富户、商户和普通百姓解释救火会的功能和操作，动员家家户户捐善款促成好事。回想头一年刚发生过的大火，众人心有余悸，纷纷响应，捐钱捐物，出钱出力。

于是，止所门头内就新设立了永安救火会。购置了新的火龙，配备了精壮人力，并在院内建造一座三层楼高瞭望报警台，一天到晚派专人把守。登台瞭望，老街以及周遭的情形一览无余。

如今，瞭望台楼梯已经拆除，无法登临。

庄德章引导我们从侧门绕到前院。

几处门头都上了锁。除了远处街上的喧闹，这里寂静无声。若非院中晾晒了衣物，几乎以为此地无人居住。

“老房子嘛，就这样，冷冷清清。”庄德章说，小时候，一帮长在庄市老街的调皮孩子，到处穿弄堂。止所门头边上是庄市小学，也是庄德章们的启蒙母校。放学后，他们常常奔进止所门头，手脚并用竞赛着攀爬瞭望台。在长达几十年的岁月里，这座三层楼高的报警台就是庄市老街最高的地方，无论望向哪里，都能一清二楚。现如今，它的使命已经完成，空余下来，寂寞地藏身于闹市之中，成了人们怀古的由头。

据知情人说，止所门头一段时间还被使用过，曾作为中兴校友的联系处。那就是说，从这里曾经向包玉刚、邵逸夫等一众杰出的宁波帮人士发出过联络函电，赵安中、包从兴等校友回乡时也曾于此会晤攀谈。

别后不知君远近。如今，止所门头只余回忆。

曾经的精神家园

阴德祠主要供奉纪念庄氏祖先章仔钧公的夫人练隽。练夫人的仁义之举，使福建建州免遭屠城，救下了一郡十万生灵。祠内有大量楹联，内容多为颂扬练夫人的大仁大义。

崇拜自然，崇拜祖先，敬畏神灵，修庙宇供奉电公雷母山神土地等自然神，建祠堂祭祀祖宗追忆先人教化后裔，这都是古代中国人的传统，也是中国人精神世界里重要的部分。在中国只要有汉人群，有姓氏，便会有祠堂。遍布各地的家族祠堂，犹似一方方传统印鉴，盖在华夏大地上，表明民族的传统的文化存在。

经过千百年的演进，祠堂的功能已经延伸，不只是祭祀，还有议事、教化的功能。由是，祠堂成为了一个家族及其成员心目中最庄重的场所，即所谓“一个家族成员所向往的精神寄宿处和灵魂栖息地”。

庄市老街老底子，有三个祠堂，一个是汤家自然村的汤家祠堂，这个祠堂很小，人民公社“大跃进”期间被毁掉了。另外两个就是位于老街西北侧、中央漕头的西祠堂和位于街河旁边大方桥下的东祠堂，也就是阴德祠。这两

阴德祠

陰德
義慈

阴德祠内的戏台

座都是庄市原住民庄氏的宗祠，里面供奉的都是庄氏的历代祖先画像和灵位。一个区域里同时有两座同一姓氏的宗祠，这是十分罕见的，由此可知庄氏历史上在此地的影响力。

根据现存上海市图书馆和宁波的天一阁藏书楼的庄氏宗谱，可以理清庄市历史的脉络，也可以对西、东祠堂两支族裔的有序传承有个清晰的了解。

据蛟西庄氏惇本堂和报本堂宗谱记载，北宋后朝，细五公即章允执定居镇海清泉，经数代到南宋时，章氏已生衍达八百多人，形成集市。始有章市。至元年间（1271—1294）庄氏已形成了西、东、南、后四宅。后来，南宅归附西宅，后宅归附东宅。此时庄氏议决择地建造庄氏祠堂，因受人阻挠而不成。明嘉靖四十一年（1562），由西、东两支的后人各自择地在西北、东南侧各建一座祠堂，根据地理位置俗称西祠堂、东祠堂。

西祠堂

西祠堂位于庄市老街西北侧，中央漕头旁，东首是庄氏的“进士第”，西邻“司马第”，北近庄氏“大夫第”（即八角楼），南即中央漕。坐东朝西，前后两进。大门朝南，进门便是一个宽大的戏台，戏台前是个厅院，厅院内便是正大厅。正大厅南、北两侧为一排砖木结构平房。大厅后面还有一个明堂，明堂南、北、东各为二层砖木结构的楼房，楼上曾用作庄氏守义学堂，楼下借厝庄氏棺木。西祠东西长40余米，南北宽30余米，占地1300平方米左右，面积为东祠堂的两倍以上。

1950年以后，西祠堂一直被作为庄市地域群众娱乐集会的主要场所，还一度被作为青年农民的政治、文化夜校；又被当地的农业生产合作社和生产队占用，作为仓库和堆场使用。20世纪70年代初，西祠堂又被庄市大队用于开办“皮肥厂”“榨菜加工厂”等企业。1975年，庄市公社要盖大会堂，没有木料，便盯上了庄氏祠堂。西祠堂的厄运就此开始，先是拆卸了一部分木料建了庄市公社大会堂，此后庄市大队又拆除了祠堂后面的二层楼房，在大树下建造了大队部。曾经远近闻名、令庄氏子孙引为自豪的西祠堂，被拆得仅剩下东侧一点条石地基了。

东祠堂

东祠堂是当地人对阴德祠的俗称，相比较西祠堂的位置，因阴德祠地处庄市老街东南，有此故称。阴德祠主要是供奉纪念庄氏祖先章仔钧公的夫人练隽（即练夫人）。由于练夫人的仁义之举，使福建建州免遭屠城，救下了一郡十万生灵。祠内有大量楹联，内容多为颂扬练夫人的大仁大义。这样的情况，出现在男权占主导地位的社会中，是很少见到的。由此可见，庄氏人家在封建时代的开明程度，也可看出练夫人的功德非同一般。至于练夫人的大仁大义之举，这里暂不作细说，那是另一段既关系十万生灵性命，也是关系庄氏后世子嗣处事待物的优良传统的长话了。

东祠堂南北、东西各长二十余米，坐东朝西，三道大门，大天井敞开式七开间，南北两道偏门，北门外是后道场。初建时没有设计戏台。清嘉庆年间（1796—1820），庄梦觉公主持扩建，在大门进口天井内建了一个面积不到二十平方米的戏台，又在大厅前的南、北、西建起了连体的走马楼，供看戏用。这样一来，就废掉了正大门功能。作出这样的选择，也是限于空间的缘故，不得已而为之吧。民国四年（1915），庄氏有一位朱姓孀妇变卖家产，将所得740银圆捐给祠堂。族人用这笔钱在北侧空地建造了若干间平房，供族众放置棺木杂物。时人立《建造余屋碑记》，勒石褒奖她的功德，而今此碑依然存于祠内。

民国六年（1917），庄氏又一次大修祖祠，这回由嘉璋公负责，费银1300余元。工程完毕后，立《重修宗祠碑》详细记载了修缮缘由、耗资、过程等情事，此碑也存于祠内。

清中期的扩建和民国六年的大修，给祠内留下了众多那个时代的文化痕迹，为后世了解古建的建筑风格、样式、工艺、美学倾向提供了实实在在的样本，弥足珍贵。1949年以前，庄家人在东祠堂设尚贤学堂，族内子弟在此接受蒙学教育。抗战时期，宁波沦陷，日本人扶持的伪政府曾将东祠堂作为伪警察所的驻地。

1950年以后，东祠堂一度被用作供销社的仓库，之后就交给当地的农民使用。合作化及人民公社时代，胜隆大队、三队、四队的农民都把祠堂当仓库用。庄氏人当然心疼，但也是没办法的事情。经过了“文化大革命”等一系列政治运动，回头再一看，幸亏是做了农民的仓库，才得以保存下来。否则，怕也脱不了和西祠堂一样的命运。

1982年，庄市试行为期三年的土地联产承包责任制，1984年正式实施第一轮土地承包责任制，东祠堂作为生产队的集体仓库作用随之消失，之后，被分割开来给几户农民作库房用。以后随着胜隆村所有土地被建设征用，祠堂终于摆脱了充作库房的命运，一度处于废弃状态。2015年，东祠堂被宁波市人民政府列入了“宁波市濒危古建筑抢救性保护名录”。2016年，庄市的庄氏后人发起筹建庄市地方文化研究会，开始发动海内外庄氏族人捐款修复祠堂。海内外庄姓人士闻风而动慷慨解囊，宁波市也以净额90余万元襄助。2017年9月16日修复工程启动，至2018年8月完成，2018年10月初，举行了修复暨祭祖庆典。到2018年10月，共收到海内外庄姓及他姓人士捐款180余万元。这次东祠堂修复总耗资300万元，按照“保持原貌，修旧如旧，尽量保持原有文化遗存”的原则予以修复，赢得了族内外人士和社会各界的嘉许和赞赏。

汤家庙前的庄市大道上车流不息

汤家庙

汤家庙位于庄市老街东侧的汤家村，明太祖朱元璋以亲家公汤和开国、守卫边海有功为名，封其为信国公。明正德年间（1506—1521），朝廷派御史成英在汤家村西侧为其建造“汤信国公祠”，赐额“表功庙”。因东边汉塘那边有个东梢木庙，这里就被称为“西梢木庙”。明万历年间（1573—1619），镇海官方将城区巾子山上的宋太傅越国公张世杰祠也迁到庄市的表功庙内，与信国公汤和合祀，额曰“忠勋祠”，因其位置在汤家，供奉的又是汤和，故当地人称为“汤家庙”。

据老人们介绍，汤家庙有前、中、后三进大殿，坐北朝南，门前有饮用

水池叫“庙西漕”。大门前有两支旗杆，大门内放有大石狮，香烛等。庙内有岳飞、张世杰、文天祥等宋室名臣画像，文天祥、张世杰都是宋末抗元名将、民族英雄。庙中还有一块“宋室屏藩”的牌匾，是对文天祥、张世杰的褒扬。以前人们不知道张世杰的事迹，以为张世杰与岳飞一样是宋室功臣，就把他奉为神明，尊他为“老爷菩萨”，香火不绝，也是一种“英雄崇拜”吧。

汤家庙香火旺，人气也旺。上海作家叶良骏（1941年出生，庄市老鹰湾人）在《庄市汤家庙的年味》一文中回忆自己少时逛庙会的经历，引人入胜。

小时候，每年春节，庙里搭起戏台唱戏，从初一演到元宵。剧团是大户人家包的，谁去都不用买票。那年阿娘带我去看戏，不知谁把我抱在台侧坐。锣鼓响起，出来个红脸人，咿咿呀呀地唱。又出来个黑脸汉，两人舞枪弄棒地打起来。我不知是假打，又怕被打到，哭着喊阿娘，阿娘却不知到哪里去了，幸好他们打一会儿下去了。换上个好看的女人，戴着闪亮的头套，袅袅婷婷地走，娇声娇气地唱。有人说这是男人扮的，我不信，跑到身边去看，又掀起他戏服，被人拉走，最后也没弄清究竟是男是女。

父亲幼时也在庙前看戏，他至今记得当年“老大红绸徽班”武生陆洛同，唱打俱佳，乡人说：陆洛同生三（拼命）唱，汽油灯拷乌（敲碎）三盏。是夸张说他唱功好，把汽油灯都震碎了。可见，当年下乡的剧团也是藏龙卧虎。

唱戏结束后是巡游，真是人山人海。“行会”队伍中有抬阁、高跷，有许仙、白娘子、穆桂英等戏中人，还有田螺姑娘，都是村里后生青年扮的。谁都可以加入队伍，拿只脸盆当锣敲，也没人笑话。最隆重的是选送财童子。七八岁的男孩儿，长得白胖，五官端正，聪明伶俐是最佳人选。“白胖”最难，那时孩子都“散养”，个个精瘦黝黑，故总是通不过。好不容易选中一个，大家当宝贝一样。他穿上财神服，涂一脸红油彩，走在队伍前挨家挨户唱“马灯调”。到一户人家，“童子”就送上财神像，唱起现编的词：“大大人家高高门，圆圆屋柱方方凳，财神送到侬屋里，珍珠宝贝装满盆。哎格伦登哟，珍珠宝贝装满盆！”主人笑容满面送银角子。有时，“童子”顽皮地一遍遍唱，主人只能一次次“袋袋摸破”，不能生气。女孩儿只可伴唱一句“哎格伦登哟”，不能进人家大门。那天我眼看“童子”的口袋越来越鼓，自己唱半天连块糖都没吃，实在气不过。到熟悉的大魁嬷嬷家，我乘人不备冲到屋前，想当一回童子。我只会一句，刚张口“哎格……”几双大手像拎小鸡一样把我赶出队伍。阿娘大惊失色地骂：“死小娘，介勿懂事体！”嬷嬷一把搂住我说：“吓告格，百无禁忌，百无禁忌嗬。”我不知做错了什么，照样兴高采烈地跟着队伍唱。“行会”的队伍越走越长，男女老少，摩肩接踵，踩着欢乐的步子行进在青石板路上。一年的辛苦，化作片片轻云，柔软而妥帖地装在心里。这是真正的民间狂欢节，其情其景，至今历历在目。

20世纪五六十年代，汤家庙被拆解改动，后来一度作为庄市粮站的粮库。20世纪80年代初，汤家庙粮库被停用。此后，一直关闭着。进入21世纪以后，庄市大道延伸到陈倪大河以东，汤家庙的前大半部正在路中间，因而被拆，庙西漕也被填。后经当地一些善男信女力保，汤家庙的后部得以保存下来。经十来年的募捐经营，目前的汤家庙已改称“广济禅寺”。寺内也没有了菩萨神像，只有一些善男信女在做做佛事而已。

三宝庵

“三宝庵”地处汤家村西侧，与汤家的东南自然村隔河相望，与汤家庙相邻。原来是一片荒芜之地，偶有一些坟墓。原来庄市有个罗祖庵，就在原来的庄市小学（即现在的公安分局巡特警大队驻地）。清康熙五十八年（1719），镇海县令田长文会同庄市乡绅，将街南端的罗祖庵改建义学，名为崇正书院，在汤家荒地上建造庵堂，曰“三宝庵”。至于为什么叫三宝庵已无人知晓。

三宝庵是个很小的庵堂，仅有三间正屋，进门左侧是伙房、杂间，右侧是很少几个尼姑的居所，在庄市影响不大。

20年代70年代初，三宝庵被公社改建为“庄市孵坊”，后来由于用火不慎，发生火灾，被全部烧毁。火灾后，庄市孵坊迁往周村公墓内，三宝庵原址则成为公社工程队的场所。20世纪八九十年代，那里还先后设立了乡镇企业——镇海静电喷塑厂、镇海电炉成套设备厂等。90年代后期，这里又被建成庄市工程公司的商品住宅楼。现在也全部拆迁了。

教　堂

据《镇海县志》记载，基督教于清同治九年（1870）传入镇海。民国十七年（1928）宁波区中华基督宗教自立联会成立，民国二十年（1931）长老汪金荣开始筹建庄市耶稣堂，随后，上海布道团在上海募得善款，选址在庄市老街东首的庙桥头西北侧，建造了庄市教堂。由本地木匠张阿富兄弟承建，沿河三间楼房，后面三间平房及一个占地几十平方米的浸礼池。建筑面积200多平方米。“文革”期间，耶稣堂被用作当地群众的幼儿园。“文革”后，幼儿园退出，由牧师董才章一家居住。

2001年8月，因庄市大道延伸建设，教堂被拆除。由信徒董美珍等牵头募资在曙光村朱家岸和汤家村河湾张之间建造了三层楼全通式约2200平方米的新教堂，名称为宁波镇海基督教庄市堂，由庄一社区泥工陈兴潮工程队承包施工，新教堂建成后，于2012年12月搬入。2015年聘潘华君为传道，2017年被立为牧师。

工商业篇

江山代有才人出

阿成老板赋闲在家，有了空闲，可以逍遥过日子了。他穿着毛蓝布的长衫，满头银发理成短发平头，既精神又有风度。时常有几个孩童时的朋友过来聊天，回忆旧闻轶事风物人情，感慨人生起落，世事沧桑。

裕顺行：160年前的领跑者

广济桥下南街左侧原来有间商行叫裕顺行。

裕顺行创业于160年前的清同治年间（1862—1874）。到了清末民初最为发达。主要经营山货、砖瓦、石灰、木材、棺材。裕顺行占地3亩，合今天的2000平方米。这个规模在土地紧张的老街上属于很大了。裕顺行开发得早，带动了周边的建设，商行旁边的那条小巷就叫裕顺行弄。

裕顺行不单是一间买卖铺子，还做一项更大的生意，建房造屋。庄市是宁波帮发祥地之一，清末民初从这里不仅走出了叶澄衷、宋炜臣等享誉海内外的巨贾大商，还有更多的庄市子弟也步武前辈。赚了大钱，大部分投入了

裕顺行旧址，宽大气派的大码头只在老一辈人的记忆里了

再生产再置业，将商业拓展到了天津、武汉、香港甚至海外，造就了一代海派商业文化；还有一部分资金则循着传统流回家乡造大屋建豪宅，衣锦还乡，光耀门楣。正是这一时期，裕顺行获得了良好的商机，大量的建设订单，让裕顺行赚得盆满钵满。房子造得越来越多，庄市的面貌也日新月异，短短几十年间，小镇不断长大长高，中西合璧的各式建筑纷纷落成，浙东名镇已初具规模。

裕顺行的店面有二排，五十米长。记忆中里面放满了各种竹器，竹椅、竹床等竹制品，大体上卧具、坐具、庋具应有尽有，还有竹制的农具。有一处是买卖木柴的，一捆捆的木柴堆在那里，更像一个大堆场。比木柴堆场更大的是建筑材料，砖瓦、石灰，小山一样堆放在那里。靠最里面摆放的是棺材，几十具黑漆漆的十分引人注目。

裕顺行的侧面是庄市南街，街河边就是裕顺行的河埠头。这是老街最阔

这条小巷无时不在提醒：裕顺行曾经就在这里

大的河道码头，用棱角分明的青条石筑成，看上去十分敦实沉稳，整个码头形制规整，层级整齐。鼎盛时期的裕顺行在此把生意做得红红火火，从早到晚码头船来船往，货进货出，风光一时无二，财富汇聚源源不断。

到20年代50年代，裕顺行已经经营了四代。他们的老板是：庄海敖、庄锦云、庄表伦、庄熙达。庄海敖家堪称庄市地区庄姓第一家。他家发迹后建造的豪宅有二处：第一处老萧房。建于清晚期，建筑占地面积1230平方米。第二处新萧房。建于民国初期，建筑占地面积800多平方米，该房是一幢中西合璧的三合院式建筑，住宅用料考究，装饰精美。1949年至1984年的三十五年间，新萧房一直是庄市镇人民政府的办公所在地。

从20年代40年代开始，裕顺行在本地的生意逐步收缩，资金外流。他们在上海开起了绸缎皮货店。由于人口众多，财产逐渐分散，子孙各行其道，场地逐步减少。到50年代，裕顺行虽商铺房屋依旧，但其曾经的辉煌已经成人们口中的传说了。

新丰米厂：跌落在半道上的前驱

1882年，还是男人留辫子的清代光绪年间，这一年，庄市一户贫困人家生了个男孩儿取名包志章。二十年后，包志章成了出色的商业经营人才，是庄市街上屈指可数的老板。

包志章（1882—1946）是钟包村人。年幼时家贫，穷到房无半间，全家借住人家的房子，过着寄人篱下的生活，经常遭遇房东的白眼。父母又体弱多病，家里缺少劳动力，生活难以为继。

为了谋生糊口，哥哥学做了补缸匠，整天挑担走街串巷兜揽生意。即使如此，也不能维持全家人生计，就将不到十岁的妹妹送人做了童养媳，骨肉生生分离。包志章十几岁就到酒坊做了学徒，吃尽辛苦。

包志章身材瘦长，小眼睛，尖下巴，看上去弱不禁风。但他心志很高，决心要通过自己的努力改变家庭面貌。人一旦有了想法就会倍加努力，在酒坊里他刻苦钻研，终于掌握了全套酿酒技术，满师后就筹钱、物色地方，他要开酒坊。

他终于等到了机会。

庄市老街裕吉桥下祥裕弄左侧有块2000多平方米的地皮，上面有几间歪歪扭扭的破房子，显见是破落的样子。1902年，包志章租下了这几间破旧低矮的小房子，做起了黄酒生意。他酿的酒质量好，一下子香飘庄市，生意兴隆。他挣到了第一桶金，干脆就把这些破房子都买了进来。

生意一如既往地好，全家人的生活也大大改善。拔掉了穷根的包志章没有死守酒坊，他知道尽管自己酿酒手艺好，一时不会有什么风险，但这个生意门槛太低，太容易竞争了。他要另辟财路。

20世纪初，轧米机已经从国外引进到中国。包志章认为机械化一定能够赚大钱。于是引进了设备办起了轧米厂，工场新立牌号为新丰米厂。

一头是电动机，一头是圆柱形的轧米机，中间用皮带连了起来。开动起来发出噼噼啪啪的响声。轧米机的上头安装一只方形的铁斗，谷子从铁斗里倒入，白米就会从铁嘴里流出来。速度快极了，质量也好，非中国传统的舂米或碾米方式可比。

这样一来，包老板就有了两样称雄市场的法宝：高超的酿酒技术、新式轧米机器，酒生意、米生意一起做，越做越大，远近闻名。包志章真是应了那句老话：穷人的孩子早当家。少时的艰难困苦变成了艰苦奋斗的动力。现在他终于实现了自己的抱负：酒库叠起了一坛坛黄酒；米仓里堆满了一袋袋的白米。

民国初期，包志章在米厂的后面建造了占地1250平方米的二层住宅，取名包经房。这套大屋双层重檐阔檐楣，气势恢宏。明间的门窗都由细木做成，装饰尤为讲究。明堂天井特别宽敞，格局阔大。

包志章中年时丧妻，后又续弦，共养育三男四女七个孩子。

抗战时期日军侵占宁波，庄市也成了沦陷区。日寇、伪军、土匪当道，社会混乱，民生艰难。1944年，包志章与一位温州“商人”做了一笔大生意，不料竟是骗子设的局。他的一大批大米被骗走。巨大的资金亏空让包志章受到了沉重的打击，长时间的忧愤、气恼严重影响到了他的健康。1946年的一天，包志章突然鼻腔大量出血，被急送到同义医院抢救治疗，然而大夫也是回天无力，六天后包志章含恨而去，享年65岁。

1957年新丰米厂与庄市粮站合营，成为了国营粮站。

全兴行：开枝散叶　蔚为大观

庄东成先生（1893—1973），庄市人习惯称他为阿成老板。

庄东成出生在庄市一个贫苦的家庭。父亲是位篾匠师傅，一个靠手艺生活的人。家里常年堆放着竹床、竹椅、竹席、竹篮和竹编的农具。小小年纪的庄东成看到父亲粗糙不堪的双手，感觉到了做人的艰难。

他是家里的独子，天资很高，十五六岁就长到了一米七五，这在那个时代，站在人群中就是高人一头的大个了。方脸大眼睛，骨架扎实匀称，有力气肯干活。穿起长袍和马褂来风流倜傥，还是一个美男子。

全兴行门头还是民国式样

那时有个有趣的现象，宁海人都到庄市来谋生，而庄市人又到上海去学生意。庄东成也不例外，十七岁到上海一家木材行学生意。人生得端庄老实，忠诚踏实又肯干力气活，得到了东家的信任。生意做得多了，收入也就多了，几年下来挣得了不小的一笔钱。

他考虑起了自己的出路，肯定不能一辈子给老板打工，宁波人有句老话:“三人拼头牛，不及自家养只狗。”何况一辈子给人打工当伙计，更是不能。男子汉大丈夫要自己出来当老板。他决计回家乡来创业。

回到家乡的庄东成并没有贸然行事，而是慎重地采取了试水、立足、扩张三步走。第一步，先投石问路，向裕顺行投进了一笔钱作股份，同时学习裕顺行的经营之道。

有了经验积累和对市场的认识，他迈出了第二步。20世纪初的庄市老街，北街发展得比较快，已经建造了许多商铺，而南街的发展比较慢，还有许多空场地。庄东成选中了三眼桥下南街右侧的那块1500多平方米的场地。为了减少成本，他在场地上建起了一排排低矮的小屋，开张营业。

全兴行老码头旧址

他给自己的新商铺起名全兴行。店面是三眼桥下南街的二间平屋，上面搭了座过街楼。在街河边建造了河埠头，方便货物进出。

全兴行经营山货、砖瓦、石灰、木材、石材、棺材，主营的是砖瓦、石灰和木材。庄市地区的建材需求量很大。古代中国在相当长的时间内都是农耕社会，人的生存意识内敛而保守，一旦发达首先想到的就是衣锦还乡光耀门楣，而造房子就是最有效也最实惠的具体表现。庄市人自然也不例外。一般人家有了钱，第一件大事就是盖房子。在这个背景下，建筑材料走俏是理所当然的。

除此之外，棺材和石材也有着紧密的联系，这却是有着特别的时代原因。中华人民共和国建立前中国人的平均寿命不到40岁，死人是经常的事。本地有一句老话，叫作“三岁割（制）寿材，到老用得着”。许多人家的家里都备着寿材，把它放在楼梯的下面。黑色的棺木制作得十分漂亮。头部漆着金色的大寿字，尾部印着彩色的荷花图案。粉红色的花，绿色的荷叶，金色的叶梗。而石材主要用来做寿穴。几个石匠在不停地工作着，两边的主柱上刻着“不求风水好，但愿子孙贤”的对联。

说到这里，我们就明白了，无论活着的人还是故去的人，都需要建材，这就是庄东成生意经的社会基础。

赚到了钱，庄东成迈出了第三步，搞多种经营。销售、刻石、制作棺材，多业并举。全兴行雇用了三十多个工人。

全兴行还跨界做着另一项买卖：制作老酒开办酒坊。酒大多运往外埠，也到山区去交换山货，搞活流通。

阿成老板在行内定了规矩，作为规范老板和店员行为的尺度。这里试举其中两条：每月初二发给俸金，不拖延不打折；行内工友不许赌博，如有发现开除回家。

1932年，在阿成老板五十一岁的时候，他建起了一幢二层楼的大屋。大屋占地530平方米，楼屋中三间、傍二弄。门楼是时兴的中西合璧，整幢住

宅是民国时期的代表性建筑，中堂高悬“积善堂”三字横匾。合府围墙，大门的门楣塑着“紫气东来”四个大字。

20世纪40年代沦陷时期，社会上鱼龙混杂，乌烟瘴气，人民生活在水深火热之中。有一天傍晚，全兴行院内的工人已经打烊回家，热闹了一天的大院安静了下来。就这时，来了一群不速之客，他们提出要跟阿成老板见面。就在会客中有人用手枪抵住了阿成老板的腰部，说要跟他们走一趟。阿成老板知道遇到了绑票，为了不吃眼前亏，他只得跟着他们走，走到庄市大方桥边，他们押着阿成老板下了船，连夜到了江南的大碶镇。

老板被绑票，这可吓坏了老板娘。绑匪开出了赎金数目，这笔钱在当时能买一套300平方米大房子。救人性命要紧啊，老板娘到处借钱，又卖了首饰等贵重物品，凑足了现金。几天后把赎金送去，阿成老板被放了回来，遭此飞来横祸，阿成老板身心俱损，几天工夫竟瘦了十多斤。

1953年，女婿林连水有鉴于岳父阿成老板年事已高，建议全兴行歇业。这里所说的林连水就是后来成为西班牙侨领的林连水。林连水曾就读于叶氏中兴学校，是包玉刚、赵安中的低年级校友，后入宁波效实中学，读完高一辍学从商，1951年转去香港发展，再后来在西班牙开了第一家中餐馆。

阿成老板听从女婿的建议，将经营了半个世纪的全兴行息业。给员工发了遣散费。还有一些店员想继续从事买卖生意，阿成老板又另外给他们一些补助。

阿成老板赋闲在家，有了空闲，可以逍遥过日子了。他穿着毛蓝布的长衫，满头银发理成短发平头，既精神又有风度。时常有几个孩童时的朋友过来聊天，回忆旧闻轶事风物人情，感慨人生起落，世事沧桑。他很喜欢待在店门后低矮的黑色小房子里休息，那里有床铺椅子和茶桌，更重要的是，那里有他奋斗过的曾经。

1973年阿成老板过世，享年80岁。他的生活轨迹和新丰米厂的包老板很相似。同年出生，中年丧妻再续弦，子嗣更为兴旺，养育了五男四女共九个孩子。

1941年林连水与全兴行的二小姐庄素雪结婚。

林连水（1920—1999）出身于显赫的家庭。他是宁波帮先驱叶澄衷的曾外孙。他的父亲林俊泉是镇海的大盐商，致富后建造的住宅占地面积2946平方米。

林连水婚后身体一直不适，时有发热，还咯血，人也越来越消瘦。他得了当时的流行病肺痨。这下可急坏了阿成老板。大女婿不久前因肺病去世，现在二女婿又得了肺病，内心的焦虑让阿成老板坐卧不宁。他赶紧安排把林连水送进庄市的同义医院（肺结核专科医院），重金请来最好的医生，为女婿治病。幸亏延请了高明大夫又施救及时，林连水不久身体开始转好。

阿成老板很喜欢女婿林连水。喜欢到什么程度？比儿子还亲。凡事他都要听一听女婿的想法，一起拿主意。林连水也很尊敬岳父，虚心向岳父学习生意经，这种翁婿情延续了半个世纪。在开始阶段互相联手，取得了很好的成绩；后来向海外发展，仍然联系不断。阿成老板晚年息业后，又得到了女婿的大力资助，过上了幸福美满的生活。

林连水毕业于曾外公叶澄衷开办的叶氏中兴学堂。后考入宁波效实中学，读至高一辍学，去上海学生意。20世纪40年代，五金商店首屈一指。林连水去上海在其二哥林连官开的永丰五金店当学徒。1945年出师以后，与表弟叶惟钧合股开设麟瑞五金店。经6年的发展，积累了一定的资金。1951年他去香港发展。

当时正值抗美援朝，中华人民共和国建立初期国内物资紧缺。林连水辗转国外，采购到一批紧俏的无缝钢管和其他战略物资，经历千难万险，把这些物资经法国、比利时、香港转运到广州。这事引起了美国情报部门的注意。为了家庭的安全，林连水在法国友人田特罗的帮助下来到法国。但不久田特罗先生因病去世，失去了友人的帮助，他在法国的生活陷入了困顿，1953年他辗转去了西班牙。

在西班牙，林连水开了第一家中餐馆——中国饭店。林连水将中国饮食

带入了西班牙，又陆续开办了五六家服装店，他的生意逐渐好了起来。

要在西班牙立足发展，就要学会西班牙语。经过一段时间的刻苦攻读，他就走进电影院观看西班牙电影。几年下来，他终于学会了西班牙语。

天资聪颖的林连水，为旅西华人提供力所能及的帮助。帮他们找房子、联系工作、物色地盘、筹措资金。凡是华人相求，他有求必应，不图回报。他参与涉华法律诉讼，维护旅西华人合法利益。旅西华人以林氏为榜样，大力发展餐饮业，生活发生了深刻的变化，以致其后西班牙的华人尤其浙江籍华人骤然增加。

西班牙侨领林连水

华人拥戴林连水做了西班牙侨领。1984年，林连水应国家邀请参加了35周年国庆观礼。同年11月，国家主席李先念访问西班牙时，接见了林连水。

1992年，年逾古稀的林连水结束了他大半生在外漂泊创业的生涯，回到了魂牵梦萦的故里镇海。寓居于内侄女庄秀娟的家中，颐养天年。1999年2月7日，林连水先生因病与世长辞，享年80岁。

水作原是人间苦

点浆师傅一手拿装石膏水的瓢，一手拿一个勺子，一点点把石膏水倒入豆浆中，边倒边用勺子前后摇动，开始的时候点浆速度可以快一点，到后面，则需要慢慢的，最后在缸里洒上一些石膏水。

大豆是植物中蛋白质含量最高的一种，中国人很早就意识到了这一点，所以在最广谱的食物中，就列入了豆。你看这五谷，不论是稻、黍、稷、麦、菽还是麻、黍、稷、麦、菽，都有这个菽。菽就是豆。不过豆类可是个大家族，数不尽数，但要论大当家自然首推是大豆了，也就是民间所说的黄豆、黑豆。为啥呢？蛋白含量高、适宜广泛种植、产量稳定，从采撷时代开始就一枝独秀，广受人类青睐。中国人为了从大豆中获取这天赐的营养物质，老早就挖空心思发明了种种吃法，而豆腐就是风靡全球的经典。

相传豆腐的发明人是刘邦的孙子淮南王刘安。刘安母亲喜欢吃黄豆，有一次，因病不能吃整粒黄豆，刘安就叫人磨成粉，又怕粉太干，便冲入些水熬成豆乳，又怕味淡，再放些盐卤，结果凝成了块状的东西，即豆腐脑。把豆腐脑挤压后便是豆腐，于是豆腐就流传了下来，还留下了很多小名、别

名，像什么“菽乳”“黎祁”“小宰羊”等等，到了宋朝以后才一本正经地统称豆腐。

1949年以前，庄市人叫豆腐店为水作店。老街上的水作店最有名的有两家，两兄弟开的，永昌号和庄丰号，主营豆腐、素鸡、千张、香干、油豆腐、臭豆腐。

豆腐是小本经营，一般都是小作坊制作，场地不需太大，多在家庭就地加工，同时又是门市。做豆腐是件十分辛苦的活计，宁波人常说，人间有三苦：“打铁、撑船、磨豆腐。”豆腐是人们喜爱的菜肴，在人们买菜前就要做好，所以起早贪黑是常事；另外，推磨是重体力活，有时需要两个人专门推磨，家里条件好一点的人家，才用牛来拉磨。还有挤压水分的石头有几十斤，把石块搬上搬下就是件重体力活。

豆腐加工的传统工艺是这样的：选豆—清理—浸泡—磨浆—过滤—煮浆—凝固—成形—出品。磨浆用石磨，磨盘上方悬挂一只水桶，一根管子通下来，控制好水流，泡好的黄豆放在磨盘上，随着磨盘转动黄豆从磨盘上的小孔漏下，磨成乳白色的粗浆。然后是滤浆、煮浆、点浆、待浆凝固后，再放到范具上用纱布包裹定型，用石头压上去挤出水分，压水时间长短决定了豆腐的嫩与老，也决定了出品率，和买卖双方的利益直接关联。

中华人民共和国成立后，经过社会主义工商业改造，实行计划经济，私营经济销声匿迹，国营和集体经营覆盖了所有的经济领域。什么东西都要凭票供应，按照家庭中人员的多少发给各种票证，到指定的地点去买。粮票、肉票、油票、布票、糖票、煤票、肥皂票、火柴票、烟票、豆制品票……老百姓无票就无法生存。这样的情况一直延续到20世纪90年代初，整整40年战时供给制。即使像宁波这样的富庶之地，老百姓同样过着紧巴巴的日子。

每月到了指定时间要去指定的地方领取各种票证，这些票证有的按月发，有的按季发，有的半年发，像布票棉花票则是按年发。拿着这些票证购买东西，几乎买任何东西都要排队，有的要排很长的队。排到最后的就有可能买不到。那个物资短缺匮乏年代，人人生活在贫困当中，即使你有钱，没有票证也买不到东西。

1958年前后，庄市的豆腐是由庄市供销合作社组织集体生产的，具体是由庄市供销社所属的东风饭店来制作和销售。从那个时候开始，在以后的20多年里，个人加工销售被视为犯罪，是不允许的。若有违反，轻则游街批斗，重则判刑劳改。东风饭店坐落在凉亭弄，那里是庄市老街最热闹的地方，人们有事无事会在凉亭里坐一坐，一边乘凉，一边传递听来的各类消息。今天，这里已经被一幢三层楼覆盖，面对旧址，想象计划经济时代这里的热闹和苦涩，恍如隔世。

竺世华师傅是1958年生人，曾经在东风饭店做过豆腐。1976年他中学毕业，第二年进入庄市供销合作社的东风饭店。竺师傅回忆，东风饭店有十七八个员工，是由王世良师傅来管理的。上班分早晚班，豆腐是早班做的。做豆腐的有四个人，王世良和史久李是老师傅，竺世华和王振芳是学徒。学徒工资每月12元钱，加上早餐费2元，共14元。出师后的工资是每月22元，做了两年后，工资涨到了28元。虽说起早贪黑地学做豆腐很辛苦，但他们也很满足，不用一天到晚四处打零工。还能随时买到一些计划外的豆制品。平时都是王世良教他们做豆腐，技术活儿由师傅们去做，力气活儿由他和王振芳来做。他们出师后，基本上是三个人做豆腐，实在忙不开时，领导会派人来帮忙。

豆制品票一个季度发一次，按家庭人数发，过季作废不能再用。一个季度做多少豆腐是有计划的，豆腐并不是天天都供应，这就是计划经济。一块小小的豆腐，一旦纳入了计划，马上就复杂起来了。三个月为一个周期，一周期一般是20天左右集中供应。也就是说90天内只有20来天你可以吃到豆腐，当然，你还要把自己排队排到头里才行。供应豆腐的时间也是计划过的，过年过节是重点，他们做的豆腐就较多，像清明节或者过年的时候，一天他们要做六七百斤的豆子，居民平时舍不得吃，这时才应时应景买一些犒

劳全家。

庄市供销社还负责给一些大单位供应豆制品，宁波师范学院就是其中一家，做好后直接送过去，给他们供应的豆制品有豆腐、油豆腐、素鸡和香干。但很少供应豆浆，因为供应了豆浆就少了豆腐。

豆腐是凭票供应，而大豆也是要凭票购买的。到了一个季度，豆制品票收上来了，就拿着豆制品票到粮店去买黄豆，然后，再开始新一轮的供应周期。到了1981年，做豆腐这一块和东风饭店分开了，成立了庄市水作店，专门负责做豆腐供庄市这一片居民，这时就变成天天做豆腐，这样每天做的豆子不是很多，每天也早早地卖光了。或有人问，为啥这时候会出现这种好事情呢？1978年十一届三中全会以后，国家拨乱反正，把工作重心从阶级斗争转向了经济建设，全国农村实行联产承包责任制，极大调动了农民的积极性，不仅粮食产量连年增加，产品的花色也丰富多样，大豆产量就是在这个时候达到了历史最高值。全国人民终于可以吃饱肚子了，可以随时吃肉、吃蛋、吃豆腐了。

自豆腐发明以后，虽说有些工艺改良，但千余年来基本上是沿用传统方法来制作的，直到机器的出现，不仅效率大大提高，也把人们从繁重的体力劳动中解放出来。用石磨磨浆费力又费时，现在用机器磨浆，控制好磨碎细度的目数，磨豆浆就变得简单省力多了。

想要豆腐质量好，首先要选择品质优良的黄豆，对于竺师傅他们来说，那时做豆腐的原材料是由不得他们选择的，到了时间，拿上票证去粮店直接拉回来就行了。这是整个计划经济时代的一个显著特征，所有的供应品没有选择的余地，给什么拿什么。他们要做的是除去黄豆中的杂质，譬如石子、土块、霉豆，这是个比较烦琐的过程，要耐心细致地挑捡。浸泡的目的是让黄豆吸水膨胀，有利于水磨出浆。浸泡的时间随气温高低而定，夏天泡六到七个小时，冬天一般要泡十小时左右。豆子泡得表面光滑、无皱皮，豆皮轻易不脱落，手感有劲，到这时就好了，可以磨浆了。经过浸泡的黄豆，蛋白体膜变得松脆，但要使蛋白质溶出，必须进行适当外力破碎。破碎得越彻底，蛋白质越容易溶出。但如果磨得过细，大豆中的纤维素又会随着蛋白质进入豆浆中，使产品变得粗糙、色泽深，而且也不利于浆渣分离，反而使产品得率降低，口感还不好。计划经济时代，豆腐不是想吃就能吃到的，要凭票供应，由不得老百姓挑三拣四，口味就是差一点也不影响出售。那时已经用钢磨磨浆了，一般控制磨碎细度是100 ～ 120目。

接下来就该煮浆了，把磨好的豆浆放到锅中煮，烧开后，静置几分钟。目的是通过加热使豆浆中的蛋白质发生热变性。一方面为后续点浆创造条件，另一方面是杀菌，减轻异味，提高营养价值，延长产品的保鲜期。豆浆煮好后，把豆浆放到用布做的摇浆架上过滤，这就是滤浆，因为这个过程一直在摇晃滤布，所以也叫摇浆。过滤后的浆水会流到下面一个大容器里，豆渣则留在摇浆袋里。豆腐质地好坏，出量多少，与仔细彻底去渣有密切关系。豆浆中混有细渣，会使豆腐质量降低，显得粗糙，凝聚不完全，从而影响豆腐出品率。计划经济时代，各种吃的东西比较少，做豆腐的豆渣也成了紧俏食品，因为豆渣不需凭票供应，往往要开后门才能买到。有的买回去炒着当菜吃；有的和面粉拌在一起充饥；有手巧的家庭主妇则会买些豆渣回去，做成臭豆渣，饥馑年代人们为了吃饱肚子真是挖空心思。

在传统工艺中，是先摇浆，然后再煮浆。但竺师傅说，他们是豆子磨好后，先把浆煮好后再过滤的。

人类的发明常常是在脑洞大开的时候进行的，但有些发明则不是。古代人不知道蛋白质为何物，更不知道它在化学反应过程中会凝固，即使当代也没多少人知道这些。但这并不妨碍人们制作豆腐。这就是人类生活中的神奇之处。点浆就是做豆腐最神奇的地方。豆浆烧好后，放到缸里，加入石膏或卤水。点浆师傅一手拿装石膏水的瓢，一手拿一个勺子，一点点把石膏水倒入豆浆中，边倒边用勺子前后摇动，开始的时候点浆速度可以快一点，到后面，则需要慢慢的，最后在缸里洒上一些石膏水，静置一段时间，豆浆就会

凝固变成豆腐脑。

点浆方法不同，也就是指使用的凝固剂不同，做出的豆腐口味也就不同。现在点浆一般有三种方法：一是千余年来一直沿用的卤水也就是氯化镁。卤水可使豆浆中蛋白质迅速凝固，做出的豆腐较干，也就是人们常说的老豆腐。这种传统做法，控制不好卤水一旦超量就有毒，所以现在已经被严格限制了。二是用石膏也就是硫酸钙。用硫酸钙点浆，凝固速度缓慢，能做出保水性好、光滑细嫩的豆腐。三是以葡萄糖酸-δ-内酯为凝固剂的内酯豆腐。是一种新型豆腐，这种豆腐白嫩富有弹性，营养丰富，出品率高。

庄市水作店的豆腐都是用石膏做凝固剂的。因为点浆的速度太慢，他们采用了一种可以加快蛋白质凝固的冲浆新技术。控制好石膏溶液的量，石膏用量少，钙离子量不够，蛋白质之间的结合力弱，凝固不完全就呈半凝态。石膏用量大，钙离子的作用相对增强，蛋白质之间的联结迅速，结合力强，凝固组织结构粗松，疏水性强，凝固就过头。冲浆要掌握好冲入角度，用少量豆浆和石膏溶液对着盛浆的容器壁以15 ~ 35° 的角度冲下，石膏溶液沿着器壁顺利直下冲入器底，冲动豆浆上下翻动充分混合，凝固效果好。

还有冲浆的力度也要把握好，冲力小，豆浆翻转的速度慢，静置得快，石膏下沉，钙离子作用中底层增强，凝固过头，上层不完全；冲力大，豆浆翻转的速度快，静置得慢，达初凝状态而不能静置，凝固就失败。

静置时间一定要保证有30分钟左右，否则前功尽弃。因为，豆浆虽然初凝，但蛋白质的变性和联结仍在进行，组织结构仍在形成之中，必经一段时间后，凝固才能完全，结构才能稳固。

竺师傅讲，经过摸索，掌握了做多少豆子放多少石膏溶液的比例。他们先把石膏溶液放入大缸内，然后，把过滤好的豆浆直接倒入大缸里，倒下去的时候一定要有力度和角度，让豆浆和石膏溶液充分混合，使其凝固。静置一段时间，豆浆就会凝固。

豆腐脑是由呈网状结构的蛋白质和填充在其中的水构成的。一般来讲，豆腐脑的网状结构网眼越大，交织得越牢固，其持水性越好，做成的豆腐柔软细嫩，产品的出品率也越高；反之，则做成的豆腐僵硬，缺乏韧性。

豆腐脑凝固好后，把豆腐脑打碎，舀到铺上纯棉白布的模具内，包好盖上板子，加上石头，挤压出水，使豆腐脑紧密地结合在一起，成为具有一定含水量和弹性、韧性的豆腐，不同产品施加的压力各不相同。

做素鸡首先要把豆腐脑在特定的模具中做成一张张的千层皮，压出多余的水分。然后把千层皮放到碱水中泡一下，一层层放平，一般放个七八层，放到白布中卷成圆棍形，用绳子捆紧，然后煮熟，就成为了素鸡。

香干也有专用模具，把豆腐脑倒进专用模具中，压干水分。不同的是，豆腐干做好后，在锅里放上麦芽糖，用水熬，待到颜色变后，放入茴香，把做好的豆腐干放到锅中煮，直到豆腐干变成褐色后，就成为香干了。

油豆腐的做法是把做好的豆腐切成小小的方块，然后放到油锅里炸。炸油豆腐也是手艺活儿，炸不好，油豆腐就不胖，中间产生不了空心，样子不好看，吃起来味道差。做油豆腐的豆浆要生一点，不能太熟。如果太熟了，做出来的油豆腐就会胖不起来，手一捏不会弹回去。豆腐也要凉透了再去炸。另外，在炸的过程中，油温不能太高，一般油温要控制在60摄氏度左右，这样做出来的油豆腐，品相好，味道也好。

供销社：计划经济的弦歌

用“的确凉”制作的衬衣穿着舒适，手感好，挺括大方。用“涤卡”缝制的外套，色泽鲜艳，经久耐磨。数量有限，人们踊跃抢购。营业员为了提高售货速度，把整捆涤棉布按衣裤的制作尺寸裁成了块。

1949—1956年

庄市供销合作社最初办在老街三眼桥下的林家大屋里。

浙江开办供销合作社是很早的事情。1949年10月，刚刚成立三个月的浙江省人民政府就发出了“关于当前开展合作运动”的文件，指示全省：“在广大农村中，首先以县为单位，在商品集散市场或主要特产集散地建立供销商店。”1950年4月镇海县供销合作总社成立。1953年庄市供销合作社成立。

“砻糠搓绳起头难”，创办初期，缺乏资金，因陋就简。一进供销社的门，左侧就是售货处。过了一段时间，又在北街洋衙弄租了四间店面营业，卖些油、盐、酱、醋、火柴、肥皂、毛巾、香烟、煤油、红白糖等日用品。

职工有农民出身的陈大梅、金志奋，失业职工唐良鸿、方兆丰、朱之樑、徐友华、夏辅良，自由职业人张宝兴、曹文娟、王素珍。白天摆摊叫卖，晚上下乡动员社员买股金。股金分为一元、二元、三元三种。入股后成为供销社社员，大家认为供销社就是自己的企业。陈大梅任供销社主任。陈大梅是个大个子，身高有一米八，方脸，平时脸带微笑，忠厚老实。他身强力壮，一百斤的货物轻轻一抓就起来。

后来，供销社扩大经营，成立了理事会和监事会，还邀请社员代表来参与监督。每年召开一次社员代表大会。理事主任向代表汇报一年的经营情况，接受代表的监督。监事主任公布全年账目，宣布盈亏情况和社员分红方案。大会充分听取代表的意见和要求，采纳代表对下年工作的建议。

供销社职工每月工资14元。他们没有固定的作息时间，也没有星期天。站柜台当营业员，下乡当收购员，扩股当宣传员，进货送货当搬运员，年终开会当社员大会的服务员。在两年多的时间里，供销社的资产增加了好几倍。

1957—1965年

1957年公私合营后，庄市地区部分商贩进入了供销社，剩余部分去了合作商店。这时，供销社是庄市地区的商业主阵地，成立了工业品商店、副食品店、生产采购商店、汉塘综合商店、万嘉综合商店，还有食品加工厂、东风饭店等。

庄市老街再次出现了繁荣景象。裕吉桥下，北街的左侧是工业品店。分设日杂、百货、棉布、文具店，还有照相馆。广济桥下的南街有中西药店。裕吉桥下北街右侧有副食品店，分设糕饼糖果、酱园、水产店。

南街的祥裕弄旁有供销社的生产采购商店。生产资料商店早先供应的是锄头、镰刀、箩筐、土箕、龙骨、稻桶、料杓等传统农具，后来增加了氮

肥、磷肥、钾肥等化学肥料和打稻机、喷雾机等现代农机的销售，这时候也有了杀虫剂、杀菌剂、除草剂等农药。生资商店还组建了一支下乡辅导员队伍，指导农民科学施肥、合理用药。采购商店分农副产品收购和废品收购两大类。农副产品主要收购蘑菇和蜂蜜。

工业品商店的经理是邱承忠，骆驼桥人，他从小跟着父亲做买卖学会了生意经，是公认的业务能手。副食品商店经理李阿裕是个退伍军人，有一手做大饼的家传手艺，为人厚道，做事有条理。生产采购商店经理包兴德是原汉塘乡副乡长，他熟悉农村生活善于和农民交流。万嘉综合商店经理是王素珍，这位女经理办事风风火火，有股闯劲。汉塘综合商店经理邱阿康，身强力壮，遇再多的事情也不怕。如今，四位男经理已经去世，王素珍也快90岁了，在家安享晚年。

计划经济年代，供销社各营业部门执行"试算报表"制度。每件商品的进、销、调、存都要在报表中反映出来。财会部门根据"试算报表"计算营业额，向国家上缴税收。1958年新成立了东风人民公社，一些人瞎指挥，把街河填成

曾经门泊各式各样货船的供销社码头，而今已经收缩成一个河埠头了

了几只水漕，这可苦了供销社的职工。原来货物进出都靠水运，现在只能用手拉车。1960年至1962年，全国各地生活资料供应都严重不足，买东西都要有指标，什么粮票、布票、油票、糖票、酒票、烟票、肉票，几乎什么东西都要凭票。城镇居民每月供应：粮食12千克、油100克、糖100克、黄酒500克。国家有困难，有两位初期办社干部是农业户口，就被精简回了家。

从1963年开始，情况有了好转，供给有了保障。供销社开始销售尼龙袜、锦纶袜。特别是涤棉布的出现，标志着进入了“的确凉”（涤纶dacron的粤语音译）时代。供销社的棉布商店成为最热门的地方。用“的确凉”制作的衬衣穿着舒适，手感好，挺括大方。用“涤卡”缝制的外套，色泽鲜艳，经久耐磨。数量有限，人们踊跃抢购。营业员为了提高售货速度，把整捆涤棉布按衣裤的制作尺寸裁成了块，方便群众购买。

1966—1976年

1966年6月，老街上出现了身穿绿军装肩佩红袖章的学生，红袖章上印着黄色的“红卫兵”三个字。学校停课“闹革命”，红卫兵们批斗校长和教师，接着大串联，一直跑到了北京。供销社的几个商店也成立了造反队。先贴大字报，后来互相揭短，再后来造反派互相攻击。这种急风暴雨式的生活过了两年，“扫四旧”开始，当时最忙的是供销社的废品收购商店。人们搬来了大量的书籍、锡器和铜器，都当废品卖给了收购部。凡是旧书是不能保留的，说它传播封建思想，特别是那些古老的线装书。锡器有烛台、锡瓶和酒壶，铜器有铜锁和手炉。这些东西主要是錾刻的花纹是传统吉语和图案，被批为“宣传封建思想”。所以锡器和铜器都不能保留。用麻袋打包，堆满了整个仓库。有许多精编的竹器被毁，以竹篮为主。现在想想，实在可惜，让人心痛不已。

1967年之前的十多年里，供销社货物运输完全靠人力。供销社配有三只

饭店还在开，只是已经不叫东风饭店了

木船。一只乌山船，是当时街河里的大型船。老大张英官，人生得黑黑的，水产摊贩出身。两只小木船分给汉塘分社和万嘉分社各一只。大量的生产资料由乌山船运，生活资料由两只小木船承担。奇怪的是摇船的职工很多不会游泳，万一掉到河里后果不堪设想。有一年干旱，河水断流。汉塘农民急需六六粉治虫，汉塘分社缺少库存。社领导就组织职工自运。每人用扁担肩挑两包（50公斤），连夜从庄市送到了汉塘，解了燃眉之急。不幸的事情还是发生了：庄市合作商店在农村有许多下伸店，商品用木船从庄市往下送。有位叫张善良的职工，在摇船送货途中，船经半路凉亭。初秋时分，天气突变，天空暗了下来，风雨骤起。张师傅脚一滑掉进了水里，由于不会游泳，再也没有上来。

到了1968年，那只乌山船装了柴油机，一发动起来，柴油机冒着黑烟，突突突地响，船尾的螺旋桨飞速转动，行船加快了速度，淘汰了分社的两只小木船，节省了两个劳动力。但运输压力还在加重，一定要有汽车才行。庄市供销社的汽车就是这样搞起来的，先买台柴油机，再配上车架，装上三个轮子，在上面套上一个铁壳子，这就是一辆自造的三轮汽车。车子每天发出砰砰砰的响声，在街上装运货物。有时需要从上海急运货物，就托上海的运输公司送来。车到庄市，职工们上去搬运。主任请司机食堂吃饭，大鱼大肉，还特批了10瓶啤酒，啤酒在当时是稀罕物。

1975年，庄市供销社分配到一辆东风牌五吨货车，这是经过了省、市、县三级供销社才计划来的。以后又有了跃进牌货车。供销社成立了运输组，两辆车一只机船，大个子职工陈家国当组长，配备驾驶员四名、装卸工三名。

供销社主要为农民服务。1972年，庄市供销社向农村招收了三十多名青年职工。全社人数由七十多名增加到了一百多名。

1977—1991年

1977年全国恢复高考，有文化底子的青年纷纷报名。29岁的张根锡时任庄市供销社工业品商店副经理，这一段时间里他铆足了劲儿，白天上班，晚上用功复习，准备高考。有一天正举办商品展销会，张根锡急匆匆跑来广播室工作。只见他面色发白，浑身抽搐，头晕恶心。原来他刚从宁波高考回来，由于极度紧张，身体透支，造成了这个状况。好消息终于传来，他考中了浙江农业大学，大家都高兴地向他祝贺。他毕业后一直在镇海工作，前些年在区人大常委会主任的任上退休。

十年动乱结束，国家工作重点转向经济建设。供销社作为农村商业的主渠道，发挥了积极的作用。干部职工解放了思想，都有大干一场的愿望。举办商品展销会，千方百计采购商品，大张旗鼓地搞促销。庄市、骆驼、贵驷三家供销社联手，轮流举办展销会。三社职工互相支援，在举办地协助工作。因为当时商品还相当短缺，这种大规模的物资交流，吸引了许多人。天

蒙蒙亮，广播喇叭就开始播放歌曲，中间播送商品广告。南街的生产商店仓库的外墙上，贴着“庄市供销社商品展销会”的醒目大字。庄市老街人群如潮，人们蜂拥而入，尽情选购商品。俏销的商品有羊毛衫、涤棉布、上海牌手表、凤凰牌永久牌飞鸽牌自行车、宁波产凤凰牌电冰箱、新乐牌双桶洗衣机。还有大量的海水鱼出售……

职工们连夜陈列商品，一直要忙到半夜一点多。第二天天刚亮，就迎来了兄弟社帮忙的职工。食堂买来了20只大猪头，一番加工配上蔬菜就是职工的伙食。食堂的大厨李阿定，胖胖的身材，挺着大肚子，催促帮厨们抓紧工作，因为有许多人要来吃饭，忙得不亦乐乎。

1980年以后，基层供销社的一把手不再由乡镇干部转任，而是从供销系统择优提拔。大家专心搞营销，供销社发展很快。庄市老街的面貌日新月异，庄市供销社总部在三眼桥下林家大屋里办公已经27年。老房子光线较暗，房子四壁凹凸不平，不适宜装饰。1980年，南街生产商店翻造成二层楼。下面是商店，上面就成了总部的办公场地。1988年，在北街广济桥与裕吉桥之间，建起了供销大楼。庄市供销社到了全盛时期。大楼分三层。一楼商场，占地700平方米，二楼总部办公室320平方米，三楼会议室250平方米。

建造供销大楼，时任书记、主任陈克斌花了不少心血，预算监工，事事亲临。大楼建成，他调任镇海农资公司工作。

1992—2000年

40多年来，庄市供销社兴办的企业有：东风饭店、食品加工厂、煤球厂、电机厂、加油站等5家。

东风饭店是1958年庄市成立东风人民公社后，供销社开办的，地址就在南街广济桥与裕吉桥的中间。东风饭店最好的饭菜是盖浇饭和炒年糕。用盘子盛上几两白米饭，再在上面浇上一勺经过勾芡的菜肴，这就是盖浇饭。还有青菜炒年糕。到了晚上，饭店里坐了很多人，可是他们不是食客，是晚饭后出来聊天的。他们闻闻饭菜的香味，对人也是一种安慰。饭店吃饭是要收粮票的。1953年实行粮食统购统销制度，全国使用粮票。一直到1993年取消，粮票整整用了40年。

食品厂是庄市供销社于1957年建立起来的。当时制作糖果糕饼的师傅有：南芳南货店的老板娘苏瑞章、同兴南货店的乐通成、糖果店的老板王永利。在他们的指导下，制作的传统糕饼、时令食品，质量一流，销量很大。食品厂以制作传统食品为主，油枣、桃酥、豆酥糖、松仁糕、香糕、印糕、百果糕、金钱饼、苔菜饼、杏仁饼、大麻饼……时令食品有粽子、蜂糕、油包、肉包、蛋糕等。

20世纪90年代，食品厂引进一条饼干自动生产线，机器长十多米，后因缺乏技术力量，创业中途而废。

供销社开办煤球厂，是为了解决居民定量供应的煤球问题。当时庄市地区计划供应每季度白煤（无烟煤）两百吨，全年800吨左右。白煤委托宁波

市场经济兴起，供销社淡出了人们的生活

煤球厂粉碎，然后运回庄市。供销社购买了一台煤球成型机生产煤球，就成了一家简单的加工厂。

煤球是定量供应的。当时的标准是一人户每月17.5公斤，二人户每月22.5公斤，三人户每月30公斤。煤球票由供销社制作，再送到庄市居委会和各生产大队去发放。直到罐装煤气出现后，才取消了煤球票。煤球厂为镇海煤气公司代销煤气。

20世纪90年代，供销社投资量较大的是开办电机厂和加油站。电机车间建在兆龙路旁，占地2000多平方米。车间配备大型轧板机。有工人20名左右，主要制作开关箱。这时候全国兴起房改，福利分房结束，从此有了商品房。新建房产多，控电设备就多，生产开关箱就是看准这个市场。厂子一上马就产销两旺，生机勃勃。

在兆龙路与329国道交汇处建加油站一座。购进一台售油机，建造地下油库，24小时为过往车辆加油。加油站至今还在营业。

1993年在兆龙路与祥裕路交叉处建庄市商场，占地700平方米。当时五金交电生意兴隆，彩电、冰箱、洗衣机、空调热销。在商场上面建商品房24套，每套60平方米，售价1万元，安排职工居住。1995年，花15万元购进一辆红色桑塔纳轿车，配备了驾驶员。1998年，在兴庄路与西陆路交叉处，建商场一座，占地650平方米。商场上面建商品房30套，每套74平方米，平均售价5万元，按工龄先后售给职工居住。庄市供销社也曾涉足房地产，建造店面房500平方米、商品房2500平方米，全部售光。

2000年供销社改制。职工买断工龄，退休事项由社保解决。职工分流，部分店面房出售给一部分职工继续经营，一部分职工继续在生产采购商店和加油站工作。

改制前，庄市供销社的水产商店职工有8名，海水产品的平均价格为每斤0.2元。改制后，有大量的人员做起了水产生意，大批富余的劳动力得以安置。现在海水产品的平均价格已涨了近百倍。

跻身非遗的庄市长面

从面粉到长面，其中的工序大大小小十几道。和面、饧面、搓粗条、搓细条、盘面、绕面、闷箱、上架、拉长、晒面、收面、装桶。十多道大工序中还有数十个小工序。这些都要熟练掌握，哪怕是一道小工序出了差错，也会影响产品质量，严重的会前功尽弃。

庄市长面创始于何时，准确年代已无从查考。目前有据可查的起源大约在距今100多年前的清朝末年。有一位叫庄天成的制面师傅，他用过的老工具遗留了下来，上面刻有他的名字。后人据此知道庄市历史上曾有过这样一位制作长面的手艺人。旧时的民间手工艺人处于社会底层，社会地位低下，地方修史是不会为他们记上一笔的，所以志籍中找不到他的相关记载。

尽管如此，还是可以推测庄市制作长面的历史早于清末。

民国期间，宁波有“老裕和新记”长面驰誉沪杭甬。从晚清到民国初期，一批批庄市人从街河乘坐小船到宁波，然后换海轮到上海，有的再辗转津门、香港，或下南洋、赴欧美，开始“淘金”。这些在外打拼的宁波人想念家乡，每每能够聊以慰藉的便是能够吃到家乡味道的食物。缘于这样的需

求，庄市长面就随着远行的游子去了上海、武汉、香港和更远的地方。清末民初宁波人大量涌入上海，从跑腿打杂开始，又接手买办，进而自办商行，逐步把早先在上海开埠创业的广东商人挤了出去。正是应了“刨金不如卖铲”那句老话，头脑灵活的宁波人看到上海聚集了这么多同乡，于是转换脑筋，就在上海卖起了庄市长面。当时在上海出名的庄市长面店有上海三阳、邵万生、天福三家，店址都位于繁华的南京路附近（现已无存）。

中华人民共和国成立后，随着计划经济引入，短短几年间经过社会主义工商业改造，私营经济销声匿迹，国营和集体经营覆盖了所有的经济领域。庄市长面由庄市供销合作社组织集体生产和出售，社会上虽有个人少量生产，也只供自用。

21世纪20年代，庄市会制作长面的只有王世良、杜家祥、陈明芳三人。他们师从已故的美善师傅，而美善师傅传承自哪里却无人知晓。20世纪末，随着企业改制和制作手艺人老去，后继乏人，现在仅上述三位传承人有少量的生产和出售。

笔者第一次吃长面是因为单位同事生孩子，几个要好的同事一起去家中看望，同事的婆婆就给我们每人端来一碗长面。看到面的样子不错，细细长长的面条，特别筋道，吃到口里是又甜又咸。当时心里想，南方人喜欢在菜里放些糖用来提味，没想到连面条里都会放那么多的红糖。从产妇家出来，同行的宁波同事给我说，刚吃的是宁波长面，宁波长面最有名的就是庄市长面。

庄市长面又称糖面、束面。在宁波传统特色饮食中，它以制作精细和独特的咸甜风味闻名，长面容易消化，口感细腻，且有催乳、调养的功效，常给产妇、体弱病人、老年人吃。宁波妇女坐月子，都将长面作为主食，产妇在坐月子期间加上待客约需吃六七十斤。宁波话“长面”音似“长命”，老人吃了，还有长命百岁的美好寓意。至今，民间仍保留着产妇吃长面、老人做寿吃长面的传统。

包经房失火后在原址新建的楼房

同时，长面又是宁波一道著名的风味点心，做法有长面卧蛋、糖长面等。最红火时，庄市大小商店和宁波大南货店里都有长面售卖。庄市长面属于纯手工制作，其过程既繁复又十分讲究，且和天气有极大的关系，制作技艺在众多的面条制作中别具一格。

在林利年和陆雪定两位老庄市的带领下，我们来到了包经房。两位都快七十岁了，是庄市老街的活地图，对于街面上的大事小情知道得非常清楚。陆雪定说，这里就是当年制作长面的作坊。

一走进院子就感觉到了一股古宅的气息迎面而来。这是一幢清代的老建筑，由正房、东西厢房和东西边房组成。房顶正中间还有三个人物雕塑矗立在屋脊，仔细一看却都没有头，但从形体姿势看依然是生动鲜活，居住此地的老人说：三个人像的头是在“文革”时期被砸掉的。具体是哪三个人，现在已经认不太清楚了，应该是福禄寿的三个代表人物吧。包经房直接和弄堂

相通，这有点儿奇怪，古人不是这样造房子的。老人解释说，包经房本来是有大门的，后来新盖楼房被占，大门就被弄堂取代了。

包经房上下两层，正房面阔五间，上面是居室，下面厅堂。房子是木结构的。正房、厅堂门窗装饰讲究，现在看起来依然精美。正房门窗用的是带着雪花图案的玻璃，上面用木条做成菱形图案，下面则是梅花和八边形的图案。一看就是清末民初江南地区的样式，中式形制西式结构，中西合璧，玻璃、地砖、装饰柱都由国外进口。正房、东西厢房和东西边房组成了一个院子，有点像北方的四合院。整个院子四四方方，用脚步量，二十多步，院子面积一百多平方米。

在没有自来水之前，做长面要用禁漕水，从院子里往前走几十米就是禁漕，取水非常方便。在房间里做长面，到院子里晾晒，这是制作长面理想的场地。

当院站定，阳光照射进来，眼前仿佛看到一排排的像丝一样的长面晾晒在院子中……曾经，这里是一个殷实之家，后来变成了长面的世界，现在归于平静。

庄市长面是区级非物质文化遗产，传承人是陈明芳。陈师傅是1962年生人，浑身透着一股吃苦耐劳又精明能干的劲儿。他18岁开始跟着美善师傅学做长面，就在包经房长面作坊里。一位老师傅带好几个徒弟。陈明芳说那时是1980年，还是人民公社时代。之所以学做长面，是觉得它是一门可以傍身的手艺。做长面在面坊里做活儿，不用下地干农活儿，同样记工分，还有补贴，虽然干活儿的时间长，但不算苦，况且手里还有点活钱。他跟着师傅学习，勤奋用心，在认真消化的基础上自己还反复琢磨。等到陈师傅能独立做长面的时候，做一袋面他可以得到2.5元的报酬，在计划经济时期，一个普工的月薪也就三四十元，由此可知，陈师傅那时的收入还是很可观的。随着农村实行联产承包责任制，农业生产出现了连年大丰收，粮食富余了，市场上不用粮票就能买到长面。过去由供销合作社包办的业务也渐渐剥离出来。1987年，陈明芳离开了供销合作社，在包经房自己做起了长面。他一个人常常要忙到晚上十一二点，虽然很辛苦，但是，给自己做活儿，感觉就是不一样！

非物质文化遗产传承人陈明芳

从面粉到长面，其中的工序大大小小算起来有十几道。和面、饧面、搓粗条、搓细条、盘面、绕面、闷箱、上架、拉长、晒面、收面、装桶。十多道大工序中还有数十个小工序。这些都要熟练掌握，哪道工序哪怕是一道小工序出了差错，也会影响产品质量，严重的会前功尽弃。晒面晾面完全要看老天爷的脸色，必须准确掌握季节气候和当日及以后几天的天气。气温高低决定着在制作中放盐的多少，盐放多少是制作长面的关键，一般来说，夏天盐要放多点儿，100斤面粉约放13斤盐；冬天盐就可以放得少一点儿，一般100斤面粉放6斤盐。

长面要好吃，不光要有技术，还要选择好的面粉。一般是选高筋小麦粉。面粉的精度不能太高也不能太低，太高的话，做出来的面条拉不长，面粉的精度太低，不拉也会自然垂长，到一定长度了又因为缺乏弹性而断。万事要有个度，说说容易，做起来难，这全要靠平时的日积月累，选择面粉也是一种学问。长面里加的盐是粗盐。

庄市长面大约25公斤面团，能制作成2万根长约1.7米的面条。制作程序如下：

和面。将面粉倒入和面缸内，季节不同，面粉中含水量也不同，而水分的挥发又因为气压、空气的湿度而有很大的差异。所以加入的盐和水的比例根据季节、天气的不同而有所不同。具体的细节掌握，确实是一个非常需要经验的技术活，所以，每次和面的水盐比例都是由有经验的老师完成的。和面看似是个力气活，却不能用蛮力，和出来的面团要富有弹性，韧性要足。

饧面。和好的面团要盖上薄膜放置，饧发一两个钟头。饧发的时间根据季节不同而有长有短。面粉中最多的成分是淀粉，在水和高温下极容易糖化发酵。夏天最怕面发酸变质，所以饧面的时间不能太长，为了能更好地做好长面，夏天一般是每天凌晨和面。

搓粗条。将饧发好的面团揉匀呈长圆柱状，放面板上分切成条状，并将切好的面条接在一起，反复进行揉搓排出面中空气，直到搓成小手指粗的一条长绳状，然后静置二次饧发。

晒长面

搓细条。搓条不能一次完成，要分多次，这个搓条的力道要适中，重了轻了都不行。搓细条就是将前面搓好的粗条再重新搓一次，使其更加细长。

盘面。把搓好的细条，一层层地盘在缸里，并且刷上油以防粘连。

绕面。将搓成细条的面呈8字形绕在两根平行的长约30厘米左右长的面筷上，绕的方法有点像穿鞋带的手法。

闷箱。绕面之后不能马上曝晒，要先“藏”在面条箱里。这“藏”也有讲究，夏天一般需“藏”8小时，冬天需“藏”10小时。

拉面条。从箱里取出一筷筷的面条，插在“面条架”上慢慢拉长，然后移至室外边晒边拉。拉面很讲究，因为短短几厘米的面条要拉到两米以上的“长面”，需要面条的韧劲和手力的准确度，否则长面便会拉成断面或短面。

晒面条。长面制作过程中，最重要的一步就是晒。做长面最要紧的是看天气，长面师傅最不喜欢的天气自然是下雨天了，他们每天都会准时收听第二天的天气预报，夏天虽然太阳好，但是天气变化多端，万一突然来场雷阵雨，那做好的长面会泡汤的。

收面条。一般来说吹西北风时，要比平时晒得更久、更干；吹东南风时，如看见面条变成微红色，就说明里面的水分已晒干，应尽早收起来。收面也十分讲究，一般是先把面放到一个竹匾中，此时的长面已完全成型，光泽洁白。然而却很脆，一不留神，就会在手中碎裂。在竹匾中放上一些时间，再把晒好的长面小心地绾成一盘，用粗草纸包成“虎头包”，再加上一些喜庆考究的红色招贴纸，成为送礼佳品。这样制成的面条，具有细、白、韧、滑、咸甜适中等特点。

庄市长面的食用方法也很讲究。下锅煮前先要将它折成四段，在沸水中略煮，除去面内部分咸味，捞起后过冷水候用，另将黄糖（产妇常用红糖）在盛面的碗中泡成糖水，然后再将冷却的长面重入沸水稍煮，马上捞出放入已泡好的糖水碗中，即可食用。庄市长面易消化、富有营养、能增进食欲，广受人们欢迎。因此，吃长面，吃的不仅是它的韧劲，更是手艺人精益求精

的一份心意。

听陈明芳师傅讲这一道道的工序，就知道庄市长面之所以能跻身非物质文化遗产，就在于它的制作技艺考究。

说起自己的长面，陈明芳师傅很是自豪。他做的长面在20世纪90年代曾获得过泰国农副产品展销会金奖。当时宁波同去的农副产品还有余姚的榨菜、慈城的年糕、史翠英的泥螺、蟹糊等，在众多农副产中，陈明芳做的长面夺得了金奖。他的长面味道好，外形漂亮，洁白如丝。煮好后面条筋道，放到第二天再吃也不会坨，深受好评。谁家坐月子就会早早找陈师傅订制长面。

奖杯是铜制的，时间已经过去了二十多年，虽然表面有些旧了，底座也掉了一块，但陈师傅一直珍藏着。

陈明芳作为镇海区非物质文化遗产项目（庄市长面）代表性传承人，眼下却守着一个纯净水店过活。笔者委实纳闷：你有这么好的手艺，又获得过大奖，开个长面店，生意一定会很好的吧，为什么做这个呢？

陈师傅叹了口气说道，长面属于小众产品，是纯手工制作，不仅产量低，而且还要靠天吃饭。并且工序多，做面时间长，有时会做到晚上十一二点，太苦了。做长面既是体力活儿又是技术活儿，不光要手巧还要有力道，更是良心活儿。做长面很难，难就难在一年四季的做法不同，天热天晴都要琢磨不同的手法和做法，要灵活机变，因此，长面手艺人不能死守同一套工序。做长面无论是选粉、用盐、制作工序、晾晒环节，都要严格遵照一定的程序进行，这样做出来的长面才会好吃。

20世纪80年代以后，市场上出现了各式各样的压面机，更有小巧玲珑的家用压面机进入了家庭，有手摇的也有电动的。还有专门用电动压面机加工面条的专业户。机制面工艺简单，生产量大，不受天气的影响，价格又便宜，人们随时随地都能买到。陈师傅的长面生意在这种局面下严重萎缩，加之年岁大了，身体也有些吃不消，1999年他的长面店关张。

为了把长面技艺传承下去，相关部门也做了好多工作。2009年，庄市街道在宁波帮博物馆内设了传承基地，聘请陈明芳为游客制作庄市长面，并培训年轻人学习技艺。镇海职教中心也有一套做长面的工具，那里有专门的指导老师教学生做长面。这一整套做长面的工具各式各样，如和面缸，像个矮胖子，比普通的水缸要小并矮半截，显然这样的身形体量更便于和面，打眼一看，估计这缸一次能和25公斤面粉；这里还有晒面条的架子、绕面条的筷子、收面用的匾、闷面的闷箱等。

“顶上功夫”剃头匠

刀子钝了，就在一条油光锃亮的刮刀布上把刮刀蹭得上下翻飞，刀就锋利无比，然后继续在客人的脸上轻走轻刮，噌噌噌，刀锋过处，胡须尽除，顾客感受到的是声音，也是一种触觉，那种舒服，那种惬意，只有经历过的人才知道。

自元以降，浙江境内一部分平民被排斥于士农工商四民之外，而被称为“堕民”。之所以这样，是因为他们所从事的是三姑六婆之类的职业，为人所轻贱。这些生活在社会底层的“中国的吉普赛人”，其实与常人并无异处，但他们世世代代被世俗限制在堕民之列，只能从事低贱行当，子孙不能读书赶考，唯一能做的就是子承父业，世代从事同样的低等工作，这种情形一直延续到清末。

即使在民国时期，剃头匠也还被人认为是低人一等的职业，所以，庄市本地居民不愿意做这行，大多都是由所谓的“堕民”来做。这些人世代以此为业，最终形成了家族性行业，有的一家人都是剃头匠。1949年以前，剃头匠多走街串巷，哪里人多，他们就跟到哪里。挑着担子，带着剃头工具，有的还带上热水壶，一把椅子，只要有人招手，就会选择一块地方开张营业。有的则是带着工具，到顾客家里去剃头，热水由顾客提供。给孩子剃满月头或给出嫁的姑娘开面，这样的工钱比一般的要高，遇到大方的主家还能得到一笔赏赐。逢年过节，有钱的大户人家把剃头师傅请到家里，给老老少少都剃个头，图个面貌一新。农历二月二这一天，传统习俗也有讲究，说这一天剃头会给这一年带来好运气，所以剃头的人也特别多，就是要沾个二月二龙抬头的光。剃头手艺在人们的生活中不可或缺，有一副行业对联这样形容剃头匠："虽为毫末技艺，却是顶上功夫。"

1949年以前，老街上有五六家剃头铺子。最初他们也是挑着担子，走街串巷吆喝生意，有了积蓄，便觅一处小门户租住下来，落户在老街，开起了理发铺。最为有名的是孙、王、何、高四家。孙家的小阿华、王家的王惟通、何家的何会能、高家的高银官都是老街上家喻户晓的剃头师傅。

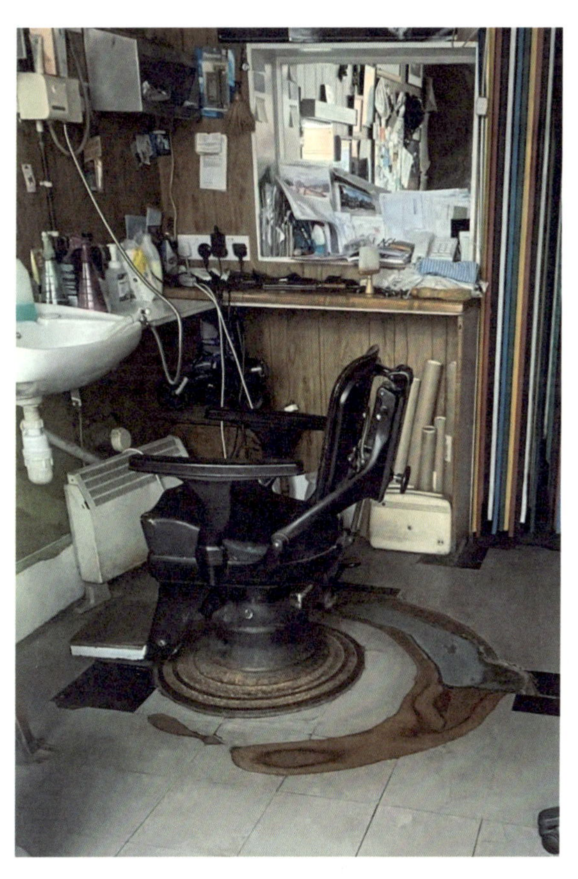

旧时理发专用椅子很讲究，非常舒适

1949年以后，社会提倡人人平等，摒弃人分三六九等陋习，各行各业都是光荣职业。剃头师傅也受到社会的尊重，在此风气下，有些年轻人自愿学习剃头理发。

王惟通，1945年出生，是庄市何王村人，家里兄弟姐妹多，父亲眼睛不好，家里生活很苦，他是家里的长

子，15岁就在庄桥一个亲戚家里跟人学习剃头，他人很聪明，学习又努力，很快就掌握了剃头的手艺，刚开始也是挑着担子四处奔走，还到小阿华店里当过伙计，当后来成立集体理发店时，因为他是农业户口，供销社不让他进去，他就在庄市老街买了一套小房子，在家开了个理发铺，就是现在的庄市老街河北65号。王师傅手艺好又热情，生意红火，来店里剃头的人要排队。老婆余素青安顿好孩子，忙好家务，也来给他打下手，熟能生巧，余素青也学会了剃头手艺，她的理发技术也得了顾客的认可。余素青并不做全套，而是专门给顾客刮胡子。因为她还要腾出时间洗衣、买菜、烧饭、做家务。王师傅家里有两把理发椅，一把椅子上坐着的往往是刮胡子的顾客，另一把椅子上坐着的大多是剃头的顾客。余素青手艺精湛，一把刮胡刀在她手里使得娴熟又轻柔。顾客上座，放倒椅子躺下，脚蹬踏板，惬意地躺在椅子上。她先给顾客脸上盖上一个冒着热气的毛巾，等焐软了胡须，然后抹上一层肥皂沫，热毛巾依旧盖着，她掀起毛巾的一角，仔细地刮着胡子，一边刮好了，又轻轻掀起另一边继续刮，刀子钝了，就在一条油光锃亮的刮刀布上把刮刀蹭得上下翻飞，刀就锋利无比，然后继续在客人的脸上轻走轻刮，噌噌噌，刀锋过处，胡须尽除，顾客感受到的是声音，也是一种触觉，那种舒服，那种惬意，只有经历过的人才知道。年纪大些的人特别喜欢老式的剃头匠，对于他们来说，刮胡子就是一种享受。有些客人的胡子比较硬，就要多焐两次毛巾，多擦几次肥皂沫。余素青还会刮眼角，刮好眼角后，还给客人剪鼻毛。这样整个理发过程才算结束，难怪顾客满意地露出一副十分享受的样子了。

王惟通在庄市老街河北65号开店，直到2006年去世。夫人余素青又接手继续开。余素青现年69岁，比老公小8岁，以前的小房子已经翻盖成两层楼房。孩子觉得母亲年纪大了，该颐养天年了，劝她不要再开了。但一些老顾客会直接来到家里，她不能拒绝。有的还会预约，她也不能拒绝。老顾客中有一位从背着书包上学开始到现在已经退休，一直都在他们店里理发的，真是名副其实的老主顾。

老街上的王士明曾拜高银官为师，学徒两年。过去拜师学艺跟今天大不同，除了学手艺还要兼做其他，譬如力气活、家务之类，这都是中国固有的传统。王士明每天要早起烧水、扫地，帮师傅做家务，有客人来了要主动迎上去，嘴里一边嘘寒问暖，手脚一边动起来，准备给客人洗头。洗过后将客人引向理发专用椅子，待坐定，再问客人高低是否合适，踩脚是否方便，调好位置后再围好围裙。师傅这才上手，徒弟立于一旁，之后的事情就看他的慧心了。有的人半年就掌握了要领，有的人白白陪站两年没有所得。看着师傅的理发动作，王士明心领神会，手脚虽未动，心里一直在跟着比比画画。就这样，早早就把师傅的手艺给学到手了。两年出徒，王士明就在路林下桥头松风亭开了个自己的理发店。王士明人称“阿六哥”，因为左手小拇指旁有个骈指。人们说他洗头挠得特别舒爽，因为多了一根手指在挠，这只是熟人间的戏谑调侃而已。王师傅被人称道，那完全是因为手艺好，洗头抓挠头皮不轻不重，周到细致，两冲两洗，确实舒服。

王师傅剃头有自己的特色，刮眼角、掏耳朵、刮胡子。刮眼角不是一般人都会的，因为人的眼睑娇嫩容易受伤，刮眼角的刀特别锋利，弄不好就会让人受伤，因此，一般人是不敢给客人刮的。掏耳朵也是个细致活儿，一定要保护好客人的耳膜，还要让客人感到舒服。刮胡子虽说是剃头匠的基本功，但手法不同给客人的感受也会不同。王师傅给人刮胡子要刮三遍，客人躺在那里就是一种享受，好些个客人躺着躺着就舒服得睡着了，王师傅也不会叫醒他，只是手法更加轻柔了。因为手艺好，待人热情周到，他的生意就很好，顾客盈门。本村及周围联成、三官堂、常洪的村民会跑很远特地找他剃头，人多时还要排队等着。

桂维诚先生回忆说，1969年他插队到庄市公社路林大队，下乡后第一次理发就是在王师傅店里，还刮了胡子，印象深刻。刮胡子又称修面，刮胡刀很锋利，修面时要时不时在刮刀布上蹭几下，刀锋顺着面部高高低低、角角

落落走一圈，从额头到下巴颏儿，一处不落下，特别是翻开眼角轻轻凑刀刮几下，痒痒的，真是说不出的舒坦。

说到何会能师傅，刚开始也是挑着担子走街串巷，后来在汉塘村落脚开店。一辈子没有结婚，起先生意做得很好，做到六十多岁时，身体不行了，就成了村里的五保户。

20世纪50年代实行社会主义工商业改造，私营经济逐步被消灭，国营和集体经营覆盖了所有的经济领域。庄市老街的各种行当也都并入了手工业合作社。供销社把剃头匠们组织起来，在裕桥街的桥头边上成立了庄市理发店，地段十分好，有两间房子。据老人们回忆，店里有六七个人，来了客人，理发师傅按顺序接待，理发收来的钱一部分归集体，一部分归个人。那时，剃个头一角钱，还刮胡子。但每到年前生意就特别好。老话说，有钱没钱，剃头过年。大家都要干干净净过个年，这时候剃头的价钱就涨到两角钱。如果临近年关才走进理发馆，那就要排队了。

而今，在庄市老街不管是北街还是南街，都有不少的理发店。老街上的理发店门脸都不大，租金也不太贵，热闹地方的租金每年两万多元，位置稍差一点的不到两万元。都是以前的老房子，下面做门店，上面住人，店面装修也都简单。南街的理发店就有六家，老板大多是外地来的。

于老板四十多岁，快人快语，说自己在老街开理发店已经十六七年了。店里理发的设施齐全，新式发型图片围着镜子挂了一圈。店里两个顾客，一个在烫发，另一个在剪发，看样子生意不错。师傅手脚麻利，边给顾客剪发，边和我讲着她的经历，她说客人如果单单是刮胡子，她是不做的。刮胡子很费刀片，一个刀片就要两块多，有的人胡子特别硬特别难刮，光刮胡子费时费力不赚钱，所以，只给一些来理发的老顾客顺便刮一下胡子，刮胡子要另外加收 5 元钱。

小阿华师傅在庄市曾经很有名，如今他儿子子承父业，也开着一家理发店，就住在老街。热心人指点说，从横街弄进去左转，便见到一爿小店，再往前，横街弄14号，门口有电线杆的就是了。笔者见电线杆上写着“理发”两字，就朝门里看去，一个六十多岁的老人正在理发，他就是小阿华的儿子孙春祥。这间简陋的理发店，其实是一间厨房，收拾得倒是干净整洁。工作台上整齐地摆放着大大小小、新新旧旧的剪子、推子、刀子和梳子，每样工具看上去都有些年头了。房子正中央放着一把理发椅子，铸铁做的，把手、整个骨架子都是铸铁的，海绵垫子，真皮套子。一看就是电影里才有的老物件，那个年代感已不是今天的年轻人所能感觉到的。椅子上的坐垫大概是人坐多了，已经破了洞，用新垫子给盖住了，但坐上去一点也不影响舒适度。环视了整个屋子，竟找不到当下美容理发师所用的东西。

孙春祥师傅还保留着旧理发工具

笔者坐上理发椅，请孙师傅剪头。孙师傅说，剪一个头15元。老板娘紧跟着说，店里不用支付宝和微信，收现金。好在包里还有20元现金。孙师傅拿洗脸盆从开水瓶里倒了些热水，又兑了些凉水，试试水温，开始洗头。孙师傅剪发不像现在的理发师一样问东问西，只问了我一句，是不是剪短一些，我说是的。孙师傅便不再言语，拿着老剪子剪开了，还时不时拿着刀子剃剃，手法轻而认真，一丝不苟，只要是稍微有一点不齐，就会修了又修，最后给吹定型，我看了一下时间，大约30分钟。这是老式剃头师傅的做派，很注重自己的手艺和功夫，对于其他并不特别看重。他父亲孙根华，曾经是庄市有名的剃头师傅。因为开店时年纪轻，老早就给自己创下了名号，大家都叫他小阿华，久而久之，大家已经忘了小阿华师傅的姓名了。小阿华剃头的时候，价钱是3分钱，后来5分，再后来涨到一角钱。庄市附近的很多人都找他父亲剃过头。孙春祥三代都是剃头的，爷爷、父亲和他，伯父也是。

少年时，孙春祥因为时不时要给父亲打下手，打水，洗头，扫地，耳濡目染，看也看会了。孙春祥说，从小就是看着父亲给人理发，有时候来了小孩子，父亲就会让我上手，他在边上指点，久而久之就学会了。刚开始自己不喜欢给别人剃头，高中毕业后，到工厂里做工去了。在压铸厂做些铝盒什么的，做了六七年后，看父亲年纪也大了，每天很辛苦，就辞去了工作，回到家里跟着父亲专心学剃头。他剃头的时候，价钱已经涨到了一两块。

他跟父亲在汉塘村开了个理发店，父亲剃头手艺好，来理发的人很多，生意还是不错的，在汉塘一做就是整整10年，后来房东的房子要拆，他们又在东头陈开店。在东头陈又是10年，2011年父亲去世。第二年他从东头陈搬回庄市老街。虽说现在剃头的价钱已经涨了不少，但是对于他这样的老剃头匠来说，因为没有跟上现在的潮流，只是做些以前的老手艺，如果一个月花三四千租店面房做，还是很辛苦的。现在在自己老屋里做做，每天有十来个老顾客，一天赚个百十块钱，加上养老金，生活算是过得不错了。

孙春祥师傅所有的理发工具都是老古董级的。他拿起一把梳子，这把梳子是刚学理发时置办的，用了三十多年，齿已经断了两个，其他的齿也都长短不一了，因为用着顺手，虽然已经很旧了，还是舍不得丢掉。还有那些推子，有的已经坏了，找人修了修还在继续用。孙师傅又拿起剪子，这个也有二十多年了。他拿出一块磨刀石说，剪刀钝了会夹头发的，我每天做的第一件事情就是磨剪刀。他又指了指椅子说，这把椅子是搬到东头陈100元买的，用了19年了，椅子上的生产厂家都已经看不清了。

年纪大了，女儿常劝他不要做了。但对于习惯了做事情的人来说，一旦不做了反而会感觉到寂寞。到他这里来理发的都是老年人，他们来剪剪头发，刮刮胡子，顺便聊聊天，也可以解除寂寞。

剃头师傅的刮刀布在现在的理发店已经见不到了，孙师傅从一堆箱子间拉出一根带子，用剃刀在上蹭了蹭，说现在根本买不到刮刀布，他是从别人的安全带上剪下一块来做的。他又说，这样的刮胡刀也没得买了。现在大多是用刀片，用钝了就换一下刀片。方便是方便了，但成本也上去了，不划算。

说到现在剪头的价钱，孙师傅说，现在的理发价钱随便要，剪一个头发动辄五六十元，随便护理一下就要几百块，真不像话。他剪发的价钱是15元，自从搬回老屋来后，一直就是这个价格，从来没有涨价。因为来的都是些老年人，生活也不是特别宽裕，如果价格定得太高，就不会有人来了，因此，他坚持不涨价。

制绳：老街上的偏门产业

弄堂里安放一台摇绳车，木制的车架上有八个铁钩，一根竹棒穿过钩子，架子的一头有8个工人把纺过的细麻一点一点送进钩子，一个工人站在架子前摇动手杆，随着手杆的转动，八股麻线通过中间由老师傅扶着前行的木夹头，被绞合在一起。

制绳业的肇始

曾几何时，庄市曾兴起过一个特别的产业：制绳。其肇始应不晚于民国，后来逐渐显示出集聚效应，纺麻制绳几乎就成了庄市一景。好些家庭都备木纺车，纺麻线，制麻绳。或粗或细，或长或短，用料或麻或棉。市场凡有需求，庄市就有产出。

老家路林的桂维诚老师，对当年纺麻的场景记忆犹新。在他下乡时，几乎每家每户都有一台纺麻车，纺麻车和纺棉花线的纺车差不多，只不过纺棉车是手摇式的，纺麻车是脚踏式的。干完家务或农活的妇女，抽空就会来到纺麻车前，从那些堆在一起的“一团乱麻”中找出线头，一只脚踩踏，一只手抽线，把一缕一缕的乱麻纺成比棉线略粗一些的麻线绽子。纺好的麻线绽子被送去制绳作坊或绳索社，可用作织麻袋。每斤可以得到几分钱的加工费，这些加工费虽然少得可怜，但聊胜于无，在一定程度上可贴补家用，减轻一些生活压力。

到了1958年，庄市公社根据当时工商业改造政策，将具有一技之长的小手工业者聚集在老街的止所门头，成立了手工业合作联社，当地人简称为综合厂。综合厂里有绳索社、棉棕社、水作店、竹篾店、服装店、制鞋店、筷子店等。时年34岁的余善祥被任命为综合厂厂长。

绳索社的工人来自路林、汉塘等附近村子里制绳的家庭作坊，制绳工艺简单，技术要求不高，没有工作的闲散人员、妇女、年长者也可以到绳索社工作。这样一来，止所门头的制绳工场倒是一时热闹异常。

工人每天早上8点来到止所门头老屋开工，每天工作8小时。

木制纺线机

制绳机

小绳制作可以在老屋里，而大绳制作要求有大的场地，主要是要有足够的长度，所以就选在了止所门头老屋与庄士英宅之间的长弄堂里。弄堂里安放一台摇绳车，木制的车架上有八个铁钩，一根竹棒穿过八个钩子，架子的一头有8个工人把纺过的细麻一点一点送进八个钩子，一个工人站在架子前摇动连着钩子的手杆，随着手杆的转动八股麻线通过中间由老师傅扶着前行的木夹头，被绞合在一起。架子的另一头站着另外的工人把绞合成的绳子向前拉，最长的绳子有二三十米。后续工序由专人负责把制成的绳子绕成一捆一捆。根据绳子的用途，绳子可以合成2股、3股、4股直至8股不等，最粗的是航船用的8股缆绳，一股直径1厘米，8股就有8厘米左右粗细，结实耐用，有成人的胳膊那么粗。后来随机械化程度的提高，机制绳改手摇为马达驱动，依靠马达皮带轮的传动，把绳子绞合起来，制绳过程就省力多了。

绳索社主要为镇海县货运站、白沙渔业公司、孔浦渔业公司、慈城供销社等单位做来料加工。制绳材料用络麻和苎麻，从绍兴、嘉兴、湖州、上虞、余姚等地采购。庄市街河与外水系相通，所采买的原料集中后装船，通过航运过来，进入镇海后转入内河航道，再转入庄市街河埠头。有了麻，这便使制绳业有了原料，接下来就是一次次的蜕变和丝丝缕缕编入绳索的过程了。

那么，庄市为何能兴起这么一个偏门产业呢？

绳子的出现，几乎与人类进入智能时代重叠。原始人用草和细树枝制作成最原始的捆扎工具，绑野兽、结草屋、缚系草裙……其后，人类进入了数目字管理时代，创造出"结绳记事"，即用粗细不同的绳子在不同位置上结出大小不同的疙瘩，或记录重大事件，或标记来往账目，或在部落之间传递信息。直到有了文字，"结绳记事"才退出了人类的生活。

悠悠越千年。结绳记事不再，但绳子并没有退出人类的生活。

镇海通江达海，是浙东运河的起点，也是海上丝绸之路的起碇港之一。在历史上，镇海县内河航运发达，与灌溉农业和制盐密切相关。自五代至明代，镇海人先后在江北江南，陆续开辟了三个相对独立的内河航运区。《镇海县交通志》记载，先是"筑塘捍海，外御风潮"，而后"设滩煮盐"，开渠蓄水或截江阻咸蓄淡，改盐田为农田，逐步将镇海这个"海壖之地"，改造成为平原上河渠纵横的稻棉之乡。据《1936年镇海县交通调查》载，全县有内河运输船506艘，载人航船70 ~ 80艘，货船90 ~ 100艘，脚划船20艘，其他民间自备船60艘，估计总数在760艘。船的种类有木板船、红头船、快马、百官船、沙石船、乌山船、田装船等。河道沿岸经常可见皮肤黝黑的纤夫躬着身子，喊着号子奋力拉纤的情景。每到一处河埠头，岸上的商户或居民摇手招呼，船便会应声停靠埠头，船主和居民进行银货交易。

兴旺的航运拉动了一系列产业的兴起，与之相关的缆绳、纤绳制作就是其一。

庄市街河与前大河、中大河、浜子港等河道相通，舟楫往来，小镇庄市越来越多地聚集人口过来兴业居住，除了周边，更远的台州、余姚、慈溪、象山等地的人也前来定居。1949年以前，庄市制绳以路林一带最为出名。路

林离孔浦渔市场约1.5千米，离白沙渔市场约3千米，白沙和孔浦之间相距约1.5千米。镇海的渔业生产、船运及农耕作业需要大量的绳索。庄市制绳业的兴起正缘于航运的发达和人口的集聚。

庄市绳子花色多

庄市制绳的原料主要是络麻、苎麻、棕、棉等。

络麻学名黄麻，是一年生的草本韧皮纤维植物，纤维白有光泽，吸湿性好，散水快，主要用来制作麻袋、造纸、绳索等。上好的络麻经过一系列的加工制成白麻，织成纯天然的高档地毯、窗帘、服装、帆布以及导火索等，用途相当广泛。络麻主要生长于长江流域，4月播种，9月成熟。成熟的植枝最高可达两米以上。余杭一带种植络麻的历史有600余年了，是当地最重要的经济作物。庄市地区制绳业发达，络麻的需求量大，本地虽有种植，但主要还是从绍兴、嘉兴、湖州、余杭、上虞等地采买，再用船运进庄市。

苎麻是一种多年生草本植物，庄市人称其为荨麻。苎麻的茎皮纤维洁白有光泽，坚韧，是纺织工业的重要原料。明代宋应星《天工开物·夏服》里有记载:“凡苎麻无土不生。其种植有撒子、分头两法，色有青黄两样。每岁有两刈者，有三刈者，绩为当暑衣裳帷帐。”

棕则取自棕树，棕树的树干上包着一层层的棕衣，用刀割下，晒干后用来制做棕垫、棕绳、棕绷床等棕制品。

镇海是个“海壖之地”，适合种植棉花，棉花含有大量的纤维，因柔软有韧性，是布匹、服装、棉绳等最好的原材料。

也有剥下棉花秆的皮和麻线一股一股拧在一起制成的绳子。

以上说的是庄市制绳所用的材料。若从用途来区分，品种就多得数不胜数。如缆绳、帆绳、抛锚绳、拉网绳、渔网绳，起网绳，洋瓶绳、纤绳、打包绳、摇橹绳、吊海带绳、箩筐绳、牵牛绳、挑稻草绳，甚至还有出殡时脖颈上佩挂的孝子绳。不同的用途，绳子的规格和用料也不一样。航船埠头缆头绳最粗，有4分至4分半（分为寸以下的丈量单位，一寸为十分，下同）。挑稻草绳2分半至3分，挑稻谷用的箩绳2分半，牵牛绳2分。纤绳反而是比较细的，只有1分，想想也有道理，绳子粗了重量就大了，拉纤人可就要多吃苦头了。摇橹绳最特别，橹的最上面有一个铁钩子，钩子上绑定比较粗的3股棕绳，越往下越细。纤绳、缆绳、抛锚绳、渔网绳、牵牛绳等主要用络麻和白麻，吸湿性好，散水快，缺点是容易腐烂老化。捆扎箩筐用的是粗麻。帆绳是用棉纱制的棉绳，棉绳柔软分量轻，升降船帆的时候拉起来不勒手，结实耐用，但成本相对比较高。挂在孝子脖子上的短短的孝子绳，是用上好的白麻。

稻草绳一般由农家自制，在这里特别值得一说。宁波沿海渔业发达，捕来的海产品要冷藏保鲜，需要大量的冰，那时候没有制冰设备，就要在冬季储备。明末清初直到20世纪80年代初，甬江两岸，尤其是南岸，形似埃及金字塔的冰厂比比皆是，不计其数。这些用杉木、毛竹、竹篾、稻草、草绳等材料搭起来的冰厂俗称冰厂跟，搭建冰厂要用大量的稻草绳。稻草绳便是由家家户户用上好的稻草做成的。建冰厂时，农民们在竹篾丝外面缠上用草制成的又粗又结实的绳，用来绑冰厂的杉木梁柱；更需要大量细草绳，用竹棒夹起这些细草绳做成一扇一扇的草帘子，覆在冰厂的屋面。整个冰厂的搭建并不需要用钉子，就已经很结实了。这样做，也是便于来年春夏冰厂里的冰出空后的拆除，也方便木料的保存，等入秋后再建冰厂也就很方便了。

桂维诚老师下乡时，在路林的冰厂跟挑过冰。挑冰时最好穿草鞋，草鞋不会滑脚。草鞋便是用细的稻草绳编织而成。如果做个统计，在这个时期，宁波肯定是全国的稻草绳生产使用的单项冠军了。制作草绳必须用早稻草（当地人称红稻草）。早稻草柔软易搓，制成草帘不漏雨。而晚稻草硬而脆，只能用来烧火。

制绳工序多而不繁

用络麻和苎麻制绳的工序就复杂了，远非稻草制绳可比。一般分割麻、浸麻、分麻（拍麻）、纺麻、制绳等好几个步骤。

先把成捆的络麻浸到河里或者水池里，再马上拉起来，用割刀把络麻表皮割下来，这层表皮便是制绳的原始材料，这个步骤叫割麻。割刀类似镰刀一样的弯刀。把割下来的麻皮重新浸泡到河水或者水池里，大约经过一周以上的时间，麻皮腐烂发臭，洗净上面的腐烂物后，剩下的就是黄麻纤维，这个步骤叫浸麻。

把浸好洗尽的黄麻纤维一缕一缕地撕开成细细的麻线，叫分麻，当地人也叫拍麻。有个成语叫做“一团乱麻”，说的就是分好的麻线。分好的麻线堆在一起，如果不经过纺麻处理，很难直接用来制绳。最后一步便是制绳。

最早的制绳工艺很简单，直接用手搓麻线，合成2股、3股直至最多的8股，根据需要，再把这些绳子绞合成2根、3根、4根等粗细不等的绳子，一人搓一人拉，仅需要两个人工就够了。20世纪初，路林一带有很多的家庭手工制绳作坊，他们利用最简陋的摇绳架子，一人送麻，一人摇手柄，一人拉绳，把单股的绳绞起来，3人成一组的制绳形式。家庭作坊的规模，最少的3人，大一点的4至5人，最大的不会超过10人。制造缆绳、纤绳等粗绳和长绳，需要较大的场地进行露天作业，前后长度至少十米以上。大多数家庭作坊没那么大的房子和场院，只能选择露天作业，场院、路边、村里的打谷场都是最理想的地方，但这些地方时常要给过路人让路，影响进度和效率。人们就在天色刚有点放亮时起床，四点钟开始作业。尤其是夏天，露天作业既凉快，效率又高，一般十点钟左右，露天作业变得很炎热了就结束，大家各自回家继续做其他事情了。遇到下雨天，室外的作业无法进行，就在屋里制作其他用途的小绳。牵牛绳、纤绳、箩筐绳、稻草绳等，都是这些小作坊里加工出来的。

制绳工艺简单，家庭作坊里摇绳的架子一般都可以自制，后来也一直没有大的改进。这是古代中国一个显著的特点，一种工具、一种工艺一旦成型，就会几百年上千年因袭，很难再改进，所以也不可能发生工业革命这样天翻地覆的进步。因此，生产力就一直处于低级循环层面，生产效率自然也就低下。在这样的情况下，过去绳子质量的好坏，主要就凭借制绳师傅手指的感觉了，这就跟中医把脉一样，全凭个人感受和经验。1958年，庄市在老街止所门头成立了手工业合作联社后，绳索社的制绳机采用马达驱动，制绳效率提高了不少，但其他的构造和原来基本一样。

制绳业从兴盛到式微

制绳师傅以路林桂家最为出名，制绳手艺最好的是路林村上庵跟的桂阿廷师傅，桂阿廷师傅的手艺是从他父亲手中传承得来，当是祖传的手艺，至于他父亲的制绳手艺从何而来，已无从考证。在当地颇有名气的桂大毛、余善祥等，也都是桂阿廷父亲的徒弟。路林村上庵跟靠近甬江边的一座寺庙——水月庵（后用作了浃北小学，现已废弃）。路林村20世纪80年代初划归江北区甬江镇。

1949年以前，庄市制绳的家庭小作坊曾经遍地开花，但到底是效率低下，绳索质量优劣不辨，产量不等，工人们虽然天天辛苦劳作，仍只能勉强维持温饱。

冯尧星老人回忆，1949年以后，路林、汉塘等村子后来大多数有村办厂，制绳工人一天工作8小时，那时候实行平均主义，社里、村里公家的活儿叫社务工，按工分结算，记分员把每人的工分记录下来，盖上村里的公章，会

计每半年结算一次，20个生产队有多少劳动力，基本算平，多出来的留到下半年，平时基本拿不到现钱，有时候村里没有钱了，一些费用摊下来，年底也不一定能拿到钱。这样的村办厂基本都是效益差、收入低，这也许就是许多村办企业进入市场竞争后，赶不上市场经济的脚步，不得已被关停并转的重要原因吧。

70岁的许财章老人回忆，那时全家7口人，只有父亲一人每月有40元的固定工资。在他上小学的时候，止所门头开的是南货店，1958年成立手工业合作联社时被拆掉，改成了综合社。绳索社规模大的时候有七八十个工人，为渔业生产服务，主要生产网线绳、缆绳、拉网绳、纤绳等，规格都不一样，材料以苎麻为主。绳索社手艺最好的是余善祥厂长，人称“善祥师傅”，经常指导工人提高技术。

许财章的大姐、二姐当时也都在绳索社工作。绳索社每天把加工好的绳索用手拉车送到宁波货运栈房卖掉，一位工人在前拉车，许财章的大姐在后面推车，年轻姑娘充满活力，干起活儿来特别卖力，年年被评为先进。许大姐19岁那年，却发生了意外。那天如同往常一样，许大姐推着装满几百斤绳索的手拉车走在路上。光线暗淡，车轮碾过一条坎沟时，车子翻了，连车带绳索压在了许大姐身上。被送到医院治疗几天后，伤情有所好转，医生说第二天就可以出院了，却不想当晚病情却急转直下，竟突然死亡。如花般的生命永远定格在了19岁。许老先生至今想来，仍不胜哀伤。

许财章从14岁起就在绳索社当学徒，跟余善祥师傅学手艺。那时绳索社按计件记工资，一个月收入多则三十多元，少的只有一二十元。年少的许财章身体素质好，又心灵手巧，在绳索社学徒的时候，曾经参加庄市公社举办的编织晒谷篾簟比赛，从早上七点开始，一直到晚上，以最早编好为优胜，许财章获得第一名。

冯尧星老人年轻时也在绳索社工作过。他负责送货，用载荷5吨的水泥船，把成品绳索送到三四十千米以外的慈城供销社。头天晚上，先把加工好的绳索打包装船。第二天凌晨一两点钟起来，航船从老街河出发，经内河到慈城，由纤夫一路拉纤助力。船到慈城靠岸后，向慈城供销社借来手拉车，把货卸到仓库里，再把仓库里的络麻等原材料装上船，原路运回，卸到绳索社的仓库。一来一回，起早带夜三十多个小时，干的基本全是体力活儿。

绳索社给出差的人每次补贴三至五毛钱。出差省一点的人花一分钱喝一碗咸菜汤，米饭从家里带。奢侈一点的人会去“江左饭店”打牙祭，其实那是宁波最便宜的一家饭店。计划经济年代，因为没有正常的商品交易，物价由国家指定，所以少有起伏变化，饭店菜品价格几乎不变。走进饭店，点上一份肉圆、一份蒸蛋、一份三鲜、一块熏鱼，四菜一汤共需3毛5分钱，烫上3毛6分一斤的黄酒，浅酌慢饮，再拿出自带的米饭，酒足饭饱后回到船上，按原路回家。这一趟出差，虽然辛苦，但一般的农民在家里吃不到这么好的伙食，也算是很值得的了。

现年77岁的徐申达老人，当年在庄市中学读了三年中学后，1963年下放到庄市进入绳索社工作。他是余善祥厂长的儿子。早先，祖籍象山的余阿记老人带着一家老小迁居到路林，住了多年以后登记户口，因余阿记不识字，宁波土话中余、徐不分，因此误把后辈的余姓登记成徐姓。1964年因经济效益等原因，庄市绳索社解散，原来路林、汉塘等村并过去的工人大多数回到原所在村里，一部分人到庄市铝制品厂工作。

后来路林村重新开办了绳索厂，20岁的徐申达有文化懂技术，专门跑外勤。路林绳索厂经常承接孔浦渔业公司的来料加工业务，还派厂里的技术工人去渔业公司现场制作钢丝缆绳。

络麻、白麻等天然纤维容易老化腐烂，使用寿命短，渔业公司出海船只的缆绳消耗量大，且容易被海水腐蚀，后来就采用了钢丝绳。制作钢丝缆绳需要较大的场地，路林绳索厂根据渔业公司的需要，派10个工人上门加工。他们先用旧的网线把钢丝包起来，然后把包裹好的钢丝绳用制绳机绞合到一起，一般制成8股，有成人胳膊那么粗，结实耐用，经久耐腐蚀。

徐申达在路林绳索厂待了两年后，被邀请去汉塘村办绳索厂。汉塘村的绳索厂经营了6年，后来由于工人工资增高，原材料成本上升，绳索厂的利润逐年下降，徐申达离开了绳索厂。

20世纪80年代，绍嘉湖地区络麻种植减少，庄市制绳的原材料逐渐短缺。与此同时，石油化工业迅猛发展，塑料、尼龙等合成纤维面世，这种新材料结实耐用、成本低，迅速代替了麻绳。路林绳索厂也转变成拉丝厂和塑料绳网厂。随着国家机械工业的进步，制绳机也更新换代，机械替代人工，效率更高。路林、汉塘等地方的小型拉丝厂、塑料绳厂逐渐被挤压，新崛起的大型制绳企业能制作更多市场需求的启动绳、船用绳、牵引绳、吊装绳、强力绳、登山绳、安全绳等品种。庄市地区的小绳索厂最终因为缺乏竞争力，在1990年代陆续关停并转。这一时期，因人们对棕绷尚有需求，棕绳在市面上仍有一席之地。后来床垫都改成了席梦思，棕绷业也慢慢消失了。

庄市传统的制绳业消失，也与运输业态的变化有直接关系。20世纪90年代前后，公路建设速度加快，县级、省级、国道和高速公路不断建成。河道、江上也建成了现代化的桥梁，陆上和空中运输便捷发达。这一时期，镇海内河航运式微，不几年就基本消失，河道上非但见不到纤夫的身影，即使有船运，也不再使用传统的绳索了。还是那句话说得对，有一份需求才有一份市场。那么，是不是人们已经不再用绳索了呢？不是的。前些天桂维诚老师碰到了一位曾办过绳网厂的老板，问他现在还办吗？他说，不办了。现在宁波使用的绳网主要产自山东，他们有补贴，人工费便宜，有价格优势。

人居篇

老街的烟火

有了看客，主打和助手更加起劲，配合得更加默契。那似乎不是打铁，而是在用长、短锤进行交流，在制作一件艺术品。尽管汗流浃背，但脸上依然露出得意的笑容。

在江南，水和人息息相关。

庄市地多水网，河道纵横，更有河流南北经过。先民沿河建房居住、开市交易，久而久之，遂成街道。庄市人对这条河感情颇深，取名街河。市、集市，以及做买卖和物资交易之地，宁波人始称“街上”。街河，有街有河，方便交通利于物流。两岸的街道则称为庄市街、老街；一边河北街，一边河南街；河北街人流熙熙攘攘，河南街则相对冷清。

老街是当时镇海县较繁荣的街市之一。对住在老街上的人来说，老街就是他们的中央厨房和百货店——出家门，方圆一里内，日常衣食住行所需在这里都能买得来、赊得到，在老街上生活实在太方便合适了。

浙东自古重商，士农工商的排序不同于耕读传家的内地，这是浙东学派影响社会的结果。《镇海县志》记载，明清以来，镇海商业已有规模，民国初以县城最盛，庄市等集镇亦兴旺。庄市老街上各行各业的生意做得红红火火，大店赚大钱、小铺赚小钿。那么，这时期庄市老街上的商业究竟是个什么样子呢？时人曾用“一”到“十”的数字及谐音把老街上的老字号和有关地名串起来，以此表明一时的繁盛：一品香大饼店、二（义）森老作堂、三宝庵、四太公酱园店、五（伍）天顺酱园店、六（陆）万兴纸扎店、七（漆）匠祥贵、八四房、九（周）源大棉布店、十（史）福生杂货店。

永昌米店舂米的石捣臼厕身于老街街角

其实，这段说辞里没有把三个重量级商行列入，它们是：永昌米店、全兴行、裕顺行。或许是它们体量太大，必须另立一册吧。确实如此，至今还有人说，要论老街上的老字号，永昌米店、全兴行、裕顺行当在前三甲。

永昌米店位于洋衙弄2号，主营粳米、籼米、糯米，代售面粉，始建于中华人民共和国建立前。老板叫庄连章。“永昌”二字为庄连章的亲家公——包玉刚的大伯所取，意为永远昌盛。永昌米店一楼为店面，二楼为工场。粳米、早米、晚米为代售，也就是卖家舂好后送到米店寄卖；糯米需要米店舂。舂米时将谷倒入石捣臼，用三四十斤重的木槌去舂。庄连章有七个儿子，老三在家，其余在上海打拼，都很有成就。现年67岁的庄明道是庄连章的孙子，他记得小时候家里有米斗、平尺等工具，后来毁于一场大火。他还记得奶奶非常喜欢帮助困难的人，经常布施，坐在家门口，向路过有困难

的人家提供年糕、面条、凉开水。如今，永昌米店一只直径二尺半的石捣臼保留了下来，静静地卧于街河南岸一条小弄堂里。

全兴行在街河南岸老码头附近有货栈，主营砖瓦、石灰和木材，以及山货和酒坊。老板叫庄东成（1882—1963），庄市人称阿成老板。庄东成出生在庄市一个贫苦家庭，父亲是靠手艺生活的篾匠师傅。庄东成17岁到上海一家木材行学做生意，由于忠诚踏实又肯干力气活儿，得到了东家的信任。几年下来，庄东成挣了一笔不小的钱，回乡创业，他选中了三眼桥下南街右侧1500多平方米的场地，建起了一排排低矮的小屋，取名全兴行，最多的时候雇用了30多个工人。1932年，庄东成在街河南侧，建造了一幢二层楼的洋房（现为宁波市文保建筑，同时为“庄宅民居博物馆”）。1953年，后来成为西班牙侨领的林连水鉴于岳父年事已高，建议全兴行歇业。有了空闲，庄东成可以逍遥过日子了。他很喜欢待在店门后低矮的黑色小房子里休息，那里有床铺、椅子和茶桌，更重要的是那里有他奋斗过故事。1963年，庄东成过世，享年82岁。

裕顺行位于广济桥下南街左侧，主营山货、砖瓦、石灰、木材、棺材等，始建于清朝同治年间（1862—1874），到了清末民初时期最为发达。创始人为庄海敖，经营者依次是：庄海敖、庄锦云、庄表伦、庄熙达。如今健在的有第三代经营者的女婿、鄞县人陈行远，一位近百岁高龄的老人。裕顺行占地3亩，店面有两排，50米长。许多地方放着竹椅、竹床等竹制品，还有竹制农具；有地方是买卖的木柴，像一个大堆场；比木柴堆场更大的是建筑材料，小山一样堆放在那里；最里面摆放的是棺材，黑漆漆的十分引人注目。裕顺行的侧面是庄市南街，街河边就是裕顺行的河埠头。这是老街最阔大的河道码头，用棱角分明的青条石筑成，看上去十分敦实沉稳。裕顺行的业务范围不仅仅是买卖商品，而且帮别人建房造屋，成为商品买卖衍生出来的另一大业务，有早期建筑公司的雏形。庄市是宁波帮发祥地之一，从这里走出了叶澄衷、宋炜臣等享誉海内外的巨贾大商。赚了钱，一部分再生产再置业，一部分回家乡造大屋建豪宅。裕顺行带动了周边的建设，商行旁边的那条小巷就叫裕顺行弄。

民以食为天，食以鱼最鲜。鱼货店主营水产品。老街上有金祥泰、朱庄记、童顺昌等。在庄市人的记忆里，如今还能记得起的是凉亭弄西侧的金祥泰。金祥泰为庄市人所开，从位于封仁桥即白沙公园附近的鱼市场进货。鱼货店起初卖鲜货。鲜货有时当天卖不完就用盐腌起来，鳗鱼、鲳鱼、带鱼、黄鱼、鳓鱼、乌贼，一层盐一层鱼，盐要多放。鱼大多可以整条出售，鳗鱼、黄鱼等也可以切块卖掉。买主把咸货买回家，浸泡清洗后再做。慢慢地，鱼货店鲜货咸货兼售，有人干脆就叫鱼货店为咸货店。庄稼人常常手头拮据，夏收前开始赊账买咸货，有了收成后结清。庄德章老人回忆，他的爷爷叫庄智慧，20世纪20年代开始经营咸货店，厨房后半间有六七只缸专门腌咸鱼。他的爷爷记性好，不用记账也记得清每一笔往来账，赊欠人也讲信用，几乎没有不还钱的。

如果说鱼具有沿海地域特征，那么豆腐则有满满的烟火气息。豆腐店也叫水作店，老街上最有名的有两家，为两兄弟所开，叫永昌号和庄丰号，主营豆腐、素鸡、千层、千张、香干、油豆腐、臭豆腐等。穷人家会买豆腐渣，豆腐渣炒雪菜、炒韭菜当菜吃；豆浆很少出售，每缸一分，便少了一块豆腐，店主总舍不得。磨豆腐是小本经营，场地不大，既是工场、门市，又是居住、生活的地方。但是，做豆腐却是起早贪黑的活儿，往往需要四五个人，其中两人专门推磨。石磨直径二尺半，上悬水桶，一根小管细水长流，泡得涨鼓鼓的黄豆则放在磨盘。不管寒冬腊月还是炎夏酷暑，别人正睡得香甜，开豆腐坊的就要披衣起来推磨。卤水点豆腐是一门手艺，老把式点的豆腐常常又多又香。做豆腐最后一道工序是用石头压去水分。时间很神奇，压的时间短与长决定豆腐的多和少、嫩和老。

老街上的酱园店以卖酱油、醋、菜油、盐、腌菜为主，出名的有四太公、屠福缘、伍天顺、元润、盛裕昌、勤昌。四太公酱园店位于今天庄市小

学旁，一间门面。创始人姓庄，人称四太公，在庄市辈分很高。70多岁的庄起训老人回忆：中华人民共和国建立时，四太公已70多岁了，但老当益壮，仍然能从船上向岸上担老酒，动作还很麻利。

早些年，庄市人大多在自己家里吃饭，只有生意人吃完了干粮，才在老街上找地方用餐。过去饭馆较少，只有一家一对老夫妻开的地摊饭铺，卖米饭、小黄鱼、青菜，招牌菜是鸳鸯面结。老太婆个子矮矮的，圆圆的脸蛋透着红光，卷起来的袖子露出了短短粗粗的胳膊。也许是年轻时喜欢打扮，庄市人给她取了一个绰号“彩牌楼”，后来餐馆还真就被叫成了彩牌楼饭店。

有的时候，舌尖上的回忆只在舌尖，而创造这回忆的人往往被人忘却了，比如这大饼。老街上曾有多家大饼店，一品香、庄元丰、钟全宝、顾万春等。门面都不大，烤炉就在门口。如今，留下记忆的只有钟全宝。钟全宝没有小孩，领养了一个女儿一个儿子。南方北方大饼各异。北方大饼有锅盖大，是用鏊子或大锅烙出来的；南方的大饼碟子大，是烤出来的。庄市人最普通的早餐是大饼，新的一天常常就是从啃大饼开始。大饼正面有芝麻，反面贴炉壁。普通大饼买的人最多，葱油饼放猪油、葱花，比较酥，买的人少；咸光饼分量和个头比大饼小一半，中间有个孔。啃大饼要正面朝上，先一小口一小口啃周围一圈；再把正面撕面包一样一片片撕下来，卷着芝麻慢慢品味。然后再啃中间。这样，啃一只大饼要10多分钟。各家大饼店都讲求质量和信誉：上等麦粉，优质猪油，木炭火烤。这样做出来的大饼外面油光，焦黄焦黄，远远便能闻到香味。偶有当天卖不完，则大大方方送给街坊邻居的小孩，亲眷邻里。庄德章老人回忆，20世纪50年代初大饼一分一只；葱油饼二分一只；咸光饼半分一只。家境好的吃大饼还会夹一根油条。庄市老人说，如今大饼两块一只涨了200倍，味道也不如从前。

老街上还有张松林包子店、王永利糖果店、合记面店、张记糕饼店、张芝记肉店、董利荣肉店……张松林包子店位于祥裕街西侧，经营者叫张松林，本地人，主营油包、粽子、馒头、包子。王永利糖果店位于洋衙弄西侧第一家，食物品种多而全，进店就能买到各色糖果、糕点。这些店里供应时令糕点，二月里有茯苓糕、松仁糕，端午节有蜂糕，中秋节有月饼，重阳节有栗子糕。

“宁波南货六大家，大同大有董生阳，方怡和加升阳泰，还有江东怡泰祥”——这是宁波坊间流传的一句顺口溜。宁波人经营的南货店主要供应南北干货、副食品，以及各种茶食点心，同时也供应香烛祭品等。宁波南货业以升阳泰最为出名。清朝咸丰年间（1851—1861），时任宁波知府的华少湖创建了经营南北果品的升阳泰，意“日升三阳而开泰”，寓“兴旺平安”。升阳泰以经营南北干果、宁式糕点为主，所产苔生片、万年青、香糕、水绿豆糕、洋钱饼等，独具宁波地方风味，被宁波人誉为“小菜橱”。

南货是旧时对南方干货的统称。《魏书·食货志》已有记载：“又于南垂立互市，以致南货，羽毛齿革之属无远不至。”后来，南货多指江南特产；1956年公私合营后，南货变为粮油主食之外副食品的统称。过去每到春节、端午、中秋、重阳四大节日或红白喜事，人们总要礼品馈赠，南货走量增大。这是考验店伙计包扎手艺的时刻，一张粗草纸，一根麻绳，要把各式各样的货物包，快速扎成虎头包、四方包、三角包。在南货店当伙计，包扎是第一桩要紧手艺，店里考核伙计学徒是否能出师，就要看他包的三角包从楼上扔到楼下会不会散包。

庄市老街有不少出名的南货店，虽不比宁波六大家，但在庄市人眼里却是交关要紧，南货店有阜生、南方、万春、洽和等。南货店主要有关山桃枣、南北果品、腌腊海味、茶食糕点。逢年过节制作应市糕饼，如端午节的蜂糕、中秋节的月饼、腊月的祭灶果等。

阜生南货店是老街上最大的南货店，开在老街黄金地段，裕吉桥堍北侧，现医药商店西。坐北朝南，两开间门面，前店后作坊，包括后菜园晒场，占地面积超过400平方米。“阜”是“盛”的意思，取“物阜民丰”之意。两尺见方的“阜生”两个金字，镶在磨砂黑底的匾额上，高高挂在店门正上

方。西边靠墙竖立的两扇大门上雕刻着红底金字对联“阜财端赖同仁力，生意还期大有年”，远远望去熠熠生辉。天井后为货栈，上悬“阜生南货栈”繁体字横匾，黄杨木底黑字；一排落地长橱，橱架之间有几块锡制的竖牌，以阴文刻着“货真价实，童叟无欺”；角尺形柜台的两端竖立着两块黑底金字招牌“品物咸亨”“物其多矣”。这些，无不体现着阜生南货店的经营之道，彰显着阜生南货店的管理文化，寄托着阜生南货店经营者“寄望社会安定，劳资合力”的理念。创始人为庄姓当地人。早在清朝时期，庄氏祖上就在四川经营“涌丰增”糟坊，以酿造白酒为主，颇具规模；19世纪初，庄氏祖辈陆续还乡，在家乡开了当时颇具规模的阜生南货店；20世纪30年代，阜生南货店已是百年老店。

阜生南货店柜台使用的年代有些久远了，变得乌黑。货物放上去，反倒衬托得清晰而鲜亮。柜台上有一架二层玻璃小橱，上层放着碧绿的绿豆糕，翡翠一般；下层放着百果糖年糕，犹如碧玉。经营模式是前店后厂，师傅在后面作坊制作，学徒在前店售卖，品质新鲜。其父曾经管阜生南货店的庄起钊撰文回忆，阜生南货店出售的油包、瓜子、香干、糕点等，丝毫不逊于宁波城内六大家。阜生南货店还供应各色馒头甜点，水晶包是其中一种。这种水晶包以板油和绵白糖、冰糖、西瓜子仁为馅，味道分外诱人。在物质匮乏的年代，口味重并喜爱甜食的人，吃了过瘾，终生难忘。阜生南货店最兴旺时曾有员工10多人，包括账房先生、师傅、店员等。遇到节庆，店门口大红灯笼高悬，店堂内无线电收音机播放着袁雪芬、筱丹桂的《香妃》《泪洒相思地》《马寡妇开店》等越剧唱段招徕顾客。墙上装有手摇电话机，分机号为107。

可以毫不夸张地说，庄市人几乎没有没吃过阜生南货店的各色食品糕点的。而且，在许多名人的回忆中，屡屡提及阜生南货店。“世界船王”包玉刚在和当年中兴学堂同班同学庄启发交谈中，提及儿时吃的阜生南货店的“水晶油包”时津津有味。有“中国火柴工业先驱”美誉的庄市人宋炜臣，少年时曾在阜生南货店当过学徒。有一年，叶澄衷从上海回庄市扫墓，经过阜生南货店时购买祭品。宋炜臣发觉叶澄衷多给了钱急忙招呼，可是叶澄衷已远离柜台，宋炜臣追上去把多给的钱全数退还。不久，深受感动的叶澄衷邀请宋炜臣到其在上海开设的老顺记号供职。9年后，年仅25岁的宋炜臣被提升为经理。中华人民共和国建立后，阜生南货店一度改为合作社，后又成为信用社和医药商店。如今，阜生南货店旧址尚在，遗憾的是往昔景象一无所存。

南方南货店，位于南街广济桥与裕吉桥之间，阜生南货店河对面，单开间门面。南方南货店主要卖桂圆、笋干、荔枝干等福建土特产，其规模远不及阜生南货店。创始人为郑姓福建人，他的口音，福州、湖州分不清，面色白净，梳着大背头，穿着藏青色衣服。店面上方悬白底红字招牌。店里琳琅满目，左边自制特色糕点装满玻璃瓶，右边是光亮的南北干货。郑姓福建人有两位夫人，大夫人高个头，梳着圆圆的发髻，脸上带着谦和的笑容，在家里抚养孩子做家务；二夫人个头小，年轻漂亮手艺巧，是制作糕点的能手，带着伙计做糕点、卖糕点。

针头线脑、火柴肥皂这些物什是日常生活的主角，百姓生活不可或缺。《镇海县志》记载，1936年，全县有百货店36家，绸布店48家。其中一部分就设在庄市。除此之外，老街上的商店也是五花八门，有永和百货店、增记日杂店、史福生杂货店、周源大棉布店、义森老作堂、陆万兴纸扎店、协兴祥香烛店、张良兴香烛店……20世纪50年代经过社会主义工商业改造，所有私营商铺全部改为国营，老街上的日用杂货一部分由地方所有的供销社经营，一部分由集体所有的合资商店经营。

增记日杂店建于20世纪初，创始人叫陈重庆，庄市东头陈人，取名增记，后人的理解是“增富增财”。几代人从事日杂生意，以经营煤油和香烟为主，在庄市很有名气。增记经营煤油发了财。据传，陈重庆的母亲双目失明，但听力相当好，只要一听银圆的敲击声就能识别真假。有一次，陈重庆

的母亲听到外面柜台上声音有异，叫人查看，果然有假币……说到煤油就不能不说庄市人叶澄衷了。正是这位中国最早的煤油大王与美孚公司交涉，将他代理的煤油的包装由大包装改为小份装，把大油桶改成了长方体小扁盒，这个扁盒可以从对角线锯开变成两只铁簸箕；油灯呢，则改为可分拆为三件套，模样为中国人喜爱的葫芦，仅此小小改造就将煤油的销售扩大到了大江南北。

手工作坊在老街比比皆是。吴生钿打铁店、姚阿毛镴器店、胡冬竹鞋店、陈万生竹器店、油漆店、史福来竹器店、夏记篾竹店、徐记钟表店、小飞飞染坊、张万利修理店，还有剃头、制陶、纺纱、织带、裁缝、修车铺、磨剪子等老行当。

吴生钿打铁店在老街上小有名气。早些年农家使用的大多数铁器都出自打铁店。吴生钿打铁店以经营者吴生钿的名字命名。铁器有犁、耙、锄、镐、镰等农具，也有菜刀、锅铲、刨刀、剪刀等生活用具。打铁既是力气活又讲究巧劲，人们称打铁人为铁匠，打铁店也就称为铁匠铺了。一间简陋的旧房子，正中放置大火炉，旁有大水缸、大铁砧和风箱，风箱一拉，炉膛火苗直蹿，铁件在火炉里快速升温——先是淡红，这时温度大约有600 ℃，然后转为暗红，温度升高到了800 ℃，随后至亮黄色，这时候有1000 ℃ 了。这是可以锻打的温度。打铁技艺常常是师徒或父子传承。甬上谚语说“打铁呒样，边打边相”。意思是，产品有异同技艺无定法。不同产品靠铁匠手中的铁钳和锤子翻动、锻打成型。主打人为上手，常常是师傅或父亲，经验老到，一只手持长铁钳不时翻动铁砧上的铁件，一只手抡短锤“旁击斜敲”，犹如乐队的指挥。助手当下手，常常是徒弟或儿子，年轻力壮，双手抡长锤，配合主打。主打轻敲短锤很有讲究，轻轻敲击某处，助手心领神会。主打不停止，助手一直打。这样既安全又会传出叮叮当当的悦耳之声，常常引得路人驻足看热闹。有了看客，主打和助手更加起劲，配合得更加默契。那似乎不是打铁，而是在用长、短锤进行交流，在制作一件艺术品。尽管汗流浃背，但脸上依然露出得意的笑容。坚硬的铁块在铁锤的锤击下变得温顺起来，一会儿工夫就变出或方或圆或长或扁的形状来。定型后放进水缸，“嗤”的一声冒出一股白汽，这就是淬火，可以增强器物的硬度。坊间说，人生有三苦：打铁、撑船、磨豆腐。铁匠居三苦之首，足见其辛苦程度。

姚阿毛鑞器店的老板就叫姚阿毛。鑞是锡、铅合金，所以又称锡鑞。锡、铅常温下是柔软的，延展性好；都是低熔点，加温到200℃以上就熔化成液体。锡不易氧化，常保持银闪闪的光泽。因为这些优点，许多器物都是鑞制品。20世纪70年代以前的很长时间，普通人家酒壶等日用品，零沽老酒、米醋、酱油的提子等均是鑞制品。鑞制品工艺十分复杂，尤其是量具。制作时先要熔锡、铅，然后将熔液倒入模板中间，制成银亮的鑞板，再裁剪、焊接、打磨、抛光。老街上，几乎家家户户都有姚阿毛的鑞器日用品。矮小的姚阿毛为人和气，手艺精湛，生意极好，他靠一爿鑞器店养活一家子人。

胡冬竹鞋店位于横街弄口，这是老街上唯一一家鞋店，也是庄市典型的家庭作坊。老板叫胡冬竹。店面不大，20平方米的样子，墙壁的架子上放满了木制的鞋楦。鞋店以做成人鞋为主，兼做儿童虎头鞋。胡冬竹长得胖胖的，平时话也不多；老板娘脸色白净，身材苗条。旧时，看一个女子女红如何，做鞋是一个重要因素。做鞋不但是力气活儿而且是技术活儿。切割鞋底一般是手工，一厘米左右的千层底切割起来可不是轻松的事。做鞋一般包括三个步骤：纳鞋底、制鞋面、缝合鞋底鞋面。纳鞋底前先糊鞋底，就是把旧布、碎布等边角料用麦面糨糊一层层糊起来，晒干，然后把鞋样放上去，用粉饼画一个轮廓，沿轮廓裁切出来，再用麻绳一针一线密密麻麻整整齐齐地纳，纳鞋底不轻松，这边用顶针顶那边用小钳子拔，稍有不慎就会被扎伤。制鞋面，同样一层糨糊一层布糊起来，晒干，然后把鞋样放上去，画一个轮廓，沿轮廓裁切出来。鞋面相对要薄，几层布即可，最上面一层用黑布、灯芯绒或花布蒙面，最下面一层用手工纺织的老布蒙面，这上下两面就是面子和里子。把鞋底和鞋面缝合之前，要先将鞋底鞋面周

边用白布条滚边。缝合过程很显技术，针要斜着走，先用锥子左右旋转扎出一个小孔，针线再穿过去。

胡冬竹鞋店前店后厂式经营，加工出售兼做。加工一双鞋只赚几毛钱顶多不超过一块。如果遇到大户人家闺女出阁，会定制“十里红妆”，里面就有漂亮的红鞋。那个的加工费就会稍贵几毛钱。制鞋是一针一线的功夫活，需要花费很多时间。胡冬竹夫妇每天天不亮就开始做活，常常到了夜深人静才打烊。岁月走着不紧不慢的步子，胡冬竹夫妇重复着同样的工作活计，光阴就这样从他们的指缝间滑过。胡冬竹鞋店制作的鞋子因选料考究、做工精细，加上服务周到，价格公道，处处考虑顾主的需求，所以生意一直很好。20世纪50年代末，胡冬竹鞋店转入了镇海县二轻系统下属的皮鞋厂。

20世纪初，老街开张了一家竹器店，叫陈万生竹器店。老板姓陈但不叫万生，店名叫万生，后人猜想可能取“万物新生”之意。陈万生竹器店传承人是儿子陈大毛。陈大毛再传儿子陈志荣。陈志荣如今也已年届80，不再从事竹器活儿，每天在街河畔的公园打保龄球。陈志荣的儿子扬炀（艺名）和竹器已没任何关系，10多年前改编歌曲《别说我的眼泪你无所谓》，摘得中国原创音乐风云榜网络最佳方言歌手，有宁波方言歌手的称号，唱歌才是他的最爱——这是后话。陈万生竹器店经营的都是竹制品。坐商行商兼做，以上门服务的行商为主。陈志荣回忆，他的爷爷手艺精湛，所做活计堪称上品，有了资本后就开了店，在庄市很有名气。大户人家使用器物比较讲究，叶澄衷家的竹器便出自陈万生竹器店。1936年前后，陈大毛继承竹器店，一直经营到1950年代。这时，他听到大家在传一个消息，说他曾经通匪，所以要抓他。吓得他转让了竹器店，跑到上海谋生。这件事情其实是这样的——早年穷人结伙吃大户，他们知道陈大毛曾在叶家做过竹器活儿，熟悉内部环境，就逼他带路，陈大毛无奈之下，带着这伙人来到叶家后门后，自己悄悄溜掉了。陈年旧账被翻出来，陈大毛觉得凶多吉少赶紧跑路。不想已经在上海落脚的陈大毛，几年后又不得不返回庄市故里。原因是1960年前后严重的大饥荒，使城市不堪重负，1964年大量精简城市人口。这一时期，全国共精简了近2000万职工、2600万城镇人口。像陈大毛这样不是城市出生、进城务工的人，首先要被精简还乡。陈大毛就这样重回庄市。街河还是从前的街河，陈万生竹器店却不复存在了。

范滋德药店旁有家油漆店，老板叫邬全记，后传承给儿子邬祥贵。油漆活常常以上门服务为主，因此不需要大的店面。于是，这家油漆店说是店，其实门面小得只能放下两把竹椅。店虽小，活儿却做得地道，手艺被庄市人敬重。这里漆出来的家具不但油光锃亮能映出面孔，而且“哒哒滚”的开水放上去，也不会起雾。邬祥贵就读于庄市小学，小学未毕业就成了父亲的学徒和帮手，后来成了有名的“漆匠祥贵”。1937年，油漆店因隔壁失火殃及，毁于一旦，从此父子俩成了“打香烛”（上门服务）漆匠。上门服务有两种方式：第一种是包工包料；第二种是主家提供材料，漆匠做工收取人工费。他们用的油漆为本漆，很黏稠。要把这种漆刷得厚薄均匀可不容易，要有娴熟的功夫，还要根据气候、温度灵活调整。邬祥贵天资聪颖，在父亲的言传身教下，很快独当一面，并成了顾客信得过的小油漆师傅，加上他从小练就一手漂亮大字，多次被人请去写店铺的招牌字。20世纪50年代，宁波的文艺团体招聘人才，邬祥贵大着胆子去设在宁波老城隍庙的考场考试，画的猛虎图使他在众多考生中脱颖而出。后来，他先后在宁波杭剧越剧团、杭州昌化越剧团等剧团（组）担任舞美设计、绘制布景等工作。20世纪60年代初，新疆急需文艺人才。他积极报名，被分配到新疆艺术剧团，无数次像“乌兰牧骑”那样深入南疆、北疆，为少数民族演出，并开展文化交流学习。邬祥贵一生有八个子女（七男一女）。大儿子邬国樑有绘画天赋，加上受父亲的影响，曾在机械厂从事黑板报的美术设计；他留给女儿邬杏秀的绝笔画《下山虎》，如今悬挂在女儿位于“烂秧田”（宁波市建筑文保单位）家的客厅上方。从前，庄市人说起造庙，总会说：“要想造庙，三个师傅要先请到：泥水师傅丁小全、木匠师傅胡祥年、漆匠师傅邬祥贵。”

这里曾经是红宝照相馆

红宝照相馆是老街第一家照相馆，创建于1948年。老板叫毛志发，余姚人。红宝照相馆在一幢精致的院舍里，里面三间二弄，前面大明堂、后面小明堂，有围墙，占地200多平方米。据说，师傅是宁波绿宝照相馆的，师傅叫绿宝，徒弟则称红宝。毛志发在宁波中山路上的绿宝照相馆学到了手艺就在庄市开照相馆。老板娘叫李萍，拍摄、冲洗、修底、放大等都由她完成。虽然照相业在宁波已有百年历史，但庄市有了照相馆，大家还是感到新鲜。红宝照相馆为庄市人留下了珍贵的回忆。

一条短短的老街，为何如此繁荣？《镇海县志》里有答案："庄市是著名的商贾之地，侨旅之乡，由宁波帮发祥地而驰名。庄市人都自豪地说，当年宁波帮都是从庄市街河出去的。庄市人从商的传统，已历好几代。早在明代，乡人就走海上'丝绸之路'。在晚清时期，有号称'五金大王'叶澄衷。"宁波帮的先驱叶澄衷在家乡甚有名望，从宁波人流传的谚语就知道叶澄衷的示范价值有多高——“依澄衷，不忧穷”“做人当如叶澄衷”。

别看老街这么短，百余年来，可谓名享天下。凡是到庄市来的外地人，有事的、没事的都喜欢到老街上来“临临市面”，就好比去上海逛了一趟南京路、去北京逛一次王府井。或许在庄市人心中，幸福就是这么简单：日子就该这么过，生意就该这么做，老街就该这么闹热。

犹忆“大树下”

仰望大树，二十多米高，像一把巨大的伞，蓝天之下伞盖森然，树身粗壮，没有四五个人合抱不住，树皮被岁月的风剑霜刀刻划出了一道道伤疤似的裂痕，树干黢黑虬曲苍劲，缠满了岁月的皱纹。

庄市老街有很多具有鲜明地域特点的名称，如后河头、凉亭弄、九十九间头等。“大树下”就是诸多小地名的其中之一。顾名思义能以大树而名的地方，肯定有大树，但遗憾的是曾经的大树早已不复存在了。当年的大树具体位置已经很难确认，因为那里早已被大片民居所覆盖。但大树位于六份头小洋房与庄云房之间，这是确切无疑的。

遥想当年，人们或远道或就近而来，聚于大树下做买卖谈生意，久而久之，商贸集市形成。商贩们及周边居民就都把这一带通称为大树下。这个情形跟很久以前的大槐树现象很相似，古代中国经历过许多次人口大迁徙，人们聚于洪洞县大槐树下再西出凉州，北达云中、沈阳，南往南粤，星散天下。后世人便把自己称为大槐树下人。

那么庄市老街这棵大树究竟有多大？为什么会消失，又是怎样消失的？

20世纪50年代末至60年代初，狂躁的“大跃进”运动席卷全国，神州处处放卫星，亩产粮食过万斤，家家户户献锅铲，队队冒烟大炼钢铁。浮夸风、胡折腾，整个国家经济陷入了困境，老百姓的生活异常困难。鱼米之乡的江南也好不到哪里去，庄市有人砍下大树上的枝干做柴火，到后来实在够不着了，就刨树皮作柴火。政府有关部门也没有保护古树名木的意识，任凭人们乱砍乱伐。祸不单行，这期间大树又遭遇一次雷击，伤痕累累的大树岌岌可危。随即而来的是更大的灾难，大炼钢铁盛行，小高炉遍地开花，没有煤炭怎么办？烧木柴。又哪来那么多的木柴呢，在狂热的冒进官僚指挥下，掘荒坟野冢，敲棺材板充当燃料，可还是不够用。终于把斧子挥向了大树。

这棵作为老庄市古近代地标的大树，就这样倒下来。

笔者的外婆家就在庄市六份头，开门见大树，与大树相距近在咫尺，深咖啡色的外表十分粗糙，凹凸不平。小时候每次去外婆家，都会去看大树，那时候大树周边很空旷，是天然的广场也是自然而然的交易市场。仰望大树，二十多米高，像一把巨大的伞，蓝天之下伞盖森然，树身粗壮，没有四五个人合抱不住，树皮被岁月的风剑霜刀刻划出了一道道伤疤似的裂痕，树干黢黑虬曲苍劲，缠满了岁月的皱纹。当年的大树虽然经历了千百年的风风雨雨，但依然是那么的苍翠挺拔，充满生机，像神话中的巨人一般，日日夜夜守护着老庄市这一方水土。几十年过去，幼年时对大树的印象依然十分清晰，历历在目，难以忘却。写下这些文字的初衷就是为了让今人后人知道，此处曾经有过一棵古老的大树及已逝去的往事。

小时候不知道这棵大树是什么树种，后经走访当地尚健在的老人得知，此树为沙朴树。《中国植物志》载，沙朴树为落叶乔木，材质坚硬，根、皮可入药，具有消肿止痛的功效。此树种寿命可长达千余年以上，最高可长至二十几米。根据树木材质越坚硬，生长越缓慢的规律，这棵大树如没有几百上千年的时间是达不到这个体量的。老人还回忆说，当年的大树已成树神，树长在庄市，而树荫却在福建某一个地方，颇具有传奇色彩。问及其中奥

秘，老人也说不出所以然，不过传说终究是无从考证的，但也足以证实此大树年代之久远。如果这棵大树能活到今天，必是重点保护对象，说不定会在古老沧桑的树身上挂满红色的丝带，成为人们祈福的去处。但历史终究是不能假设的。至于大树到底是庄市先民所栽还是自然长成就无人知晓了。

据新华社资深记者庄凯勋所述，北宋之前的庄市历史目前尚无史料可证实，所以不得而知。但天一阁收藏的《蛟西庄氏宗谱》应该可认为是庄市先祖的可靠记述。据宗谱记载，庄市的先祖为唐末的章仔钧，但不是在庄市。其第六代子嗣章隐之，在北宋时期到镇海县做县令，随携妻儿邑人迁居清泉乡落户。就是现在的庄市。由此可见，庄市有文字证实的历史是从北宋开始的。经过长期的繁衍生息，章氏家族人口不断增加，随着外来人口的持续迁入，这个地方的规模逐渐扩大，由于当时这里仍以章姓为主体，故取地名为章市。洪武十四年（1381）为避皇帝朱元璋之名讳，章姓改为庄姓。章市也随之改名为庄市。当时宁波称为明州，因“明”字也犯讳，有对大明王朝不尊之嫌，朱元璋采纳鄞县读书人单仲友建议，取海定则波宁之句中的二字，改明州府为宁波府，直至今日。

明清时期，庄市已经发展成了一个规模较大的村落，而大树就处于村落的中心位置，庄姓人及周边的乡民都以大树下作为商贸交易的场所。由于水陆交通尚不发达，商品交易都以农产品及一些日常生活用品为主，没有固定的店铺，都是人挑肩扛的小规模经营模式。大树下的小型集市延续了很长一段时期。到了清中期，随着农业生产和水路交通的不断发展，大量的河道开掘疏浚，并与之相互连接，庄市河道也具备了较为便利的水运功能。庄市沿河老街逐渐形成，大树下的商贸活动开始移至新街。

此后，庄市的商贸集市开始了一个新的历史时期，大树下的集市逐渐式微直至消失，但大树下的这一名称却沿用下来。由于大树的毁灭，这一名称也被现代人渐渐淡忘。再过一二十年大概更是鲜有人知了。

1840年鸦片战争之后，中国由封建社会沦为半殖民地半封建社会，国门开放，宁波成为五个通商口岸之一。庄市的先贤们逐渐开始向外拓展，上海、汉口、杭州等城市为主要发展之地。清末民国时期是庄市商人最为鼎盛阶段，曾名不见传的庄市古镇造就了一大批名商巨贾，最具代表性的人物有包玉刚、邵逸夫等世界级的商界领袖。庄市是名符其实的甬商故里，宁波商帮摇篮。宁波帮之所以能名扬中外，究其历史渊源是有脉络可寻的。庄市先人从大树下开始经商，后经老街，又转向外埠，直至海外，历经数百年至今不衰。问其根系何处？大树下也。

岁月风华今犹在

庄熙英宅的主体建筑为三间两弄楼屋，硬山顶，前后明堂。东置花园，广植花木，北有竹园。1932年建成时房子面积5000多平方米，现存面积约2500平方米。陈列各类家具、器具及其他工艺品共4000余件。

10月的庄市，早晨5点多，天蒙蒙亮，有薄雾萦绕在老街街河的河面上，散向岸边。岸边的美人蕉在晨曦中发着深沉的绿光。很快，鼎沸的人气汇聚成喧嚣，向小镇的每一个角落扩散。薄雾散了，天光大亮，上街买菜的人们在摆满各色蔬果、鱼虾的摊位前，侧身走过，络绎不绝。

自清康熙年间（1662—1722），老街一带原先互不沟通的河漕被疏通出一条河道，两旁便铺设出越来越多的买卖店铺。自此，奉化芋艿头，慈溪蘑菇、冬瓜和青菜，河头、汶溪的木柴，余姚的碗盏等都通过船运抵达。老街，成了镇海较繁荣的街巷之一。

河岸两边众多民居林立，更有许多近百岁高龄或100岁的民宅保存完好。从街河南侧41号小门头穿过去，是一处越走越宽阔、越看越精致的院落——庄熙英宅。悠悠岁月盛衰经年。庄熙英宅已经历近九十春秋，还是让我们先从屋主人的儿子庄熙英说起吧。

少年“市长”

庄熙英（1919—2001），庄市人，阿成老板的长子。青年时期受到了马克思主义的影响，参加了中国共产党。庄熙英一生忠诚可靠，为人低调，一生甘当无名英雄，这或许是性格使然，家训使然，加上革命队伍的长期教育和熏陶。

庄熙英宅始建于1932年，原名庄东成大院，由早期宁波帮商人、庄熙英父亲庄东成建造。

庄熙英祖父、曾祖父都是农民，到了父亲庄东成一辈转成了商人，在老街一带开建了一家“全兴行”。全兴行以贩卖木材、砖材、石材等建筑材料起家，后又经营黄酒生意，积累了不少财富。1932年，庄东成在街河三眼河头南塊建起一座大宅，以二层新楼为主体的多重院落，面积5000多平方米，就是现在的庄熙英宅。

庄东成育有五子四女。为让子女们多读书，他将孩子们全部送进学校，大儿子庄熙英读书天分最高。

1930年9月—1933年8月，庄熙英在庄市叶氏义庄就读。1931年，为提倡民主，增强学生自我管理能力，学校教师丁伯雄提议以校为“市”，设立“中兴市”，由学生自己选举管理者，这一提议获得学校通过。庄熙英在此就读期间，成绩优异、待人真诚，深受老师和同学的喜爱，虽然是低年级的学生却被选为第一任“市长”。和他一同被选为“法院院长”的是比他高一届的学长王尔功（曾任职上海仁济医院医生、皖南医学院教授）。

1933年，庄熙英参加全县小学毕业会考，名列全县第一，保送宁波效实中学。初中毕业时又以全校第一的成绩保送浙东中学（宁波四中的前身）读

高中，担任学生会主席；后在全省高中毕业会考中，又考全校第一，保送南京中央大学深造。由于战争年代交通不便，庄熙英转读上海圣约翰大学经济系。

接触进步思想

20世纪30年代，艾思奇的《大众哲学》在青年中流行甚广。在浙东中学读书的庄熙英，也读了这本书。他开始接受进步思想熏陶，他的同乡好友徐季子（后来的宁波师范学院院长，曾任宁波市政协主席）也在他的影响下，阅读进步书籍，两人经常交流心得，共同追求进步。庄熙英的儿子庄依众回

忆道，父亲曾跟他们说，艾思奇算是他接触马克思主义的启蒙老师，读了《大众哲学》后，共产主义渐渐成了他一生的信念。

1941年，庄熙英转读于上海圣约翰大学。阅读进步书籍的习惯在这里延续着，他系统攻读《资本论》，学习政治经济学理论。他和进步同学组织了一个读书会，起名“文汇团契”，任负责人。“团契”通过座谈会和报告会形式，积极研究和推进马克思主义思想在学校的传播。读书会在学校办得红红火火，后来被日本宪兵队发现，1943年圣诞之夜，日本宪兵队要来抓捕契友蒋晓黎（当时为中共地下党员），庄熙英得知消息不顾安危到他家中通知，结果被埋伏的日本宪兵队逮捕。庄熙英借故机智逃脱了。

大学期间大量阅读进步书籍，与进步青年交往，使庄熙英坚定了信仰，

庄熙英宅

确定了今后要走的革命道路。大学毕业时，他和朋友一起参加了新四军。

临行前夜，庄熙英向妹妹和妹夫作了暗示告别。妹夫觉察到他的离意后，给他讲了一个老和尚与香客的故事，说从前有个老和尚带一位香客上山，见山下有许多人来来往往。老和尚问香客有多少人？香客答，数不清。老和尚告诉香客，实际上只有两种人，一种人为名，一种人为利。妹夫说，世人不是为名，就是为利。你既不为名，又不为利，何必要去？

庄熙英没有动摇，毅然踏上了自己选择的道路。战争年代，为了保密和保护重要人员及其家属安全的需要，部队要求某些岗位的人员必须为自己取一个新名字。庄熙英也为自己取了个新名字：庄大道，直到1949年南下后才又改了回来。曾经和他一起工作的许多革命同志，都只知道他叫庄大道，而不知原名庄熙英。

投身革命队伍

1945年1月，庄熙英和8位朋友历尽千辛万苦找到了一支新四军部队。他先是当了3个月新兵战士。由于懂得日文和英文，不久就被分到新四军军部，在李一氓（“文革”前出任中联部常务副部长，后任中顾委常委）手下做情报工作。后来，他又被组织上分配到苏中抗日行政公署，从事经济调研工作。

抗战胜利前夕，庄熙英被调到华中建设大学学习。在这里，他遇到了对他影响巨大的革命者——张劲夫（新中国成立后出任财政部部长、国务委员）。庄熙英在一篇回忆文章中写道：“1945年8月，日军投降，急需干部接管新区，华中建设大学第一期提前结业。在结业典礼上，副校长张劲夫同志号召每个学员‘要做无名英雄’，积极参加敌占区的接管工作。张副校长的这一教导，我永远铭记在心中，成为我一生的行动指针。”

庄熙英被分配到淮阴参加华中银行的创建工作，并进行经济调查研究和刊物编辑。华中银行撤退山东后，他调到北海银行总行工作。济南解放后，为了培养财政干部，成立了山东省商业专科学校，他又调去当了教员。山东省商业专科学校的教员中，有陈毅的妻子张茜，她担任中文教员。庄熙英自编教材，教授马克思主义政治经济学的基本原理。在这里，他为国家培养了许多财政人才，这些人后来大都成为国家财经系统的栋梁之才。后来，他的很多学生比他职位高，但他并不在意。

甘当无名英雄

1949年4月，庄熙英随军南下。在渡江战役时，他虽不是作战人员，但一样见识了江浪的巨大、枪林弹雨的危险。5月，上海解放，他到上海军管会金融处小四行特派员办公室任秘书，协助特派员陈先（后任国家计委常务副主任）接管“小四行”（中国实业、国货、四明、通商银行），完成任务后又继续南下福建，任人民银行福建省分行调研室主任、业务处长等。

1956年4月11日，对庄熙英来说是个难忘的日子。这一天，他参加了全国银行系统先进工作者代表会议。毛泽东、朱德、刘少奇、彭真、邓小平、李先念等领导人在中南海接见了与会代表，并合影留念。

1958年至1966年期间，庄熙英先后在福建省委党校、省委政策研究室（1960年兼任新成立的福州大学经济学系正教授）、《红与专》编辑部、政策研究室和华东局财政办工作。“文革”期间，被下放到工厂和干校农场劳动，参加“战高温”和“冰雪天扫牛棚”。粉碎“四人帮”后，撤消了“文革”期间强加给他的错误结论和处分。1977年，他被分配到上海市计委、市物价局农产品价格处工作，并研究农产品的价格改革，至1985年离休。离休四年后，国务院返聘他为国务院物价委员会国家物价局驻浙江物价特派视察员（正局职），直至1992年。

2001年庄熙英在上海因病离世。子女们在翻阅他的遗物时发现，他于1991年3月写了一篇《要当无名英雄》的文章。文章末尾，庄熙英写道：“我从中华人民共和国建立初期到离休前，职务和工资待遇基本上是一贯制。我心中默默地记住当年张劲夫副校长号召我们‘要做无名英雄’的教导，经常以此自勉。”“记得几年前，原华东局财办的一位负责同志调任财政部副部长，他离开上海时问我有什么事要托他办的？我答，没有什么，只请你告诉张劲夫部长，我从华中建设大学结业以来，一直在实践他的教导——做无名英雄。”

高龄老宅化身民间博物馆

2000年，庄熙英宅被评为镇海区级文保单位，它的格局、雕饰、家具等，慢慢受到了人们的关注。

今天，走进老宅，庄家第四代传人庄剑华领着我们在宅子里转悠。庄熙英宅的主体建筑为三间两弄楼屋，硬山顶式建筑，保存完整。前后明堂，东置花园。广植花木，北有竹园。1932年建成时房子面积5000多平方米，现存面积约2500平方米。陈列各类家具、器具及其他工艺品共4000余件，其中不乏具有收藏和研究价值的珍品。

庄东成生前曾嘱咐子女：“团结和睦，继承祖业，发扬光大。”子孙们牢记先祖遗训，千方百计维持原貌。不同年代形状各异的锁，女红器物，木炭火熨斗，家用的盛米鼓凳，姑娘出嫁时用的竹璜食盒，寓意“早生贵子”的子孙桶，古色古香的洗脚盆，温州产的牛皮行李箱，镶铜镜的梳妆台、玻璃柜，“吃喝拉撒睡”全部包办的踏步床……全都完整保留着，站在这些老物件面前，一种旧时代的况味油然而生。天地者万物之逆旅也，光阴者百代之过客也。此言信矣。

镇海文化研究学者、文保专家洪余庆先生，说起这些珍贵物件宛如回顾一部历史。“如竹璜食盒上的这个图案，是福禄寿龙凤，很有价值。”在盒盖上的竹璜画边，有一颗细小的铜钉，透露出庄宅完整保存诸多历史物品的重要信息：“文革”期间，庄家媳妇林翠珍（2014年去世）曾将各类可以拆卸的物件分散护藏，使这些物件得以保留，后来再行拼贴组合，成为现在看到的样子。

走到大宅二层的走廊上时，庄剑华提醒我们看头顶上的雕花月梁，“你们看，这都是当时雕刻的图案，特别简朴生动。”说话间，他又推开一扇窗，提醒我们仔细看窗外的庭院。水泥地上的莲花图案是平安和睦的象征，洪余庆介绍，通过这块水泥地可以还原当年建宅时的样貌，这是历史的见证。

在走廊两侧的廊门上，绘有彩色版画《三国演义》故事和吉祥宝瓶花草等图案，檐廊两头，是寓意万事如意的卍字墙。屋子里，还能看到当年装进口饼干的铁盒、上海中华厂出品的泰山牌保温杯、无线电收音机上的彩色婚纱照片。大宅里的每一个物件，都讲述着一个绵长的故事。

值得一提的是，主楼院墙中“砖墙搭铁门”的配置，在今天看来可能比较另类。庄家第三代传人庄兆美曾告诉过家人，当时冶铁用于民生在中国刚刚兴起，铁门配砖墙属于中国乡村的时尚品味。所以庄东成特意留下了这样的“风景”。

在院落一角保存着老式的厨房三眼灶。每逢宾客光临，老灶头还能派上用场，游客们也特别喜欢围着它拍照、做直播。而原先林翠珍居住的房间，仍沿用着最传统的木式家具——骨木镶嵌家具。庄氏传人宁静地守护着这份历史，也用开放的姿态，赋予了这座家居博物馆旺盛的生命力。

中西合璧的餐厅

在庄熙英宅的二层，有一间西式餐厅，门扉上镶嵌着进口五彩玻璃，墙

壁漆成白色，屋顶嵌着西洋式雕花，餐桌餐具都与传统的中式家具截然不同：银盘洋刀简洁大方别具风情，一旁的小脚桌上还嵌着彩色瓷砖。而在餐桌后方的摆设中，既有西洋式的花瓶，又有中国传统的福禄寿瓷像、红釉花瓶、麒麟像，两边还摆着青花瓷的花瓶，中式物件、西式装潢杂糅其间，却并不觉得突兀，而是产生了中西合璧的新奇风格。

庄熙英宅中，有很多宁波特有的传统家具——骨木镶嵌家具。宅子里的家具横跨了清代、民国、中华人民共和国三个时代，展现出不同时代的特色。民国时代，帝制时代的旧风俗与民主新风尚交错，家具也改良了某些传统功能，其中部分的加工工艺被洋机器所替代，出现了磨边镜子、西洋花饰，在用途的合理性、便捷性上也大为改变。在古色古香的踏步床檐上，能看到西洋式的彩色广告招贴画，风格迥异而新奇。

二楼卧室

有三眼灶头的厨房

橱柜里还存有当年的洋线、洋布、灯泡，甚至还有一个洋气的巧克力盒，盒子上的英文单词“chocolate”显示出当年主人的新潮品味。它们像是刚被匆忙离开的主人留在那里，而时光戛然而止。

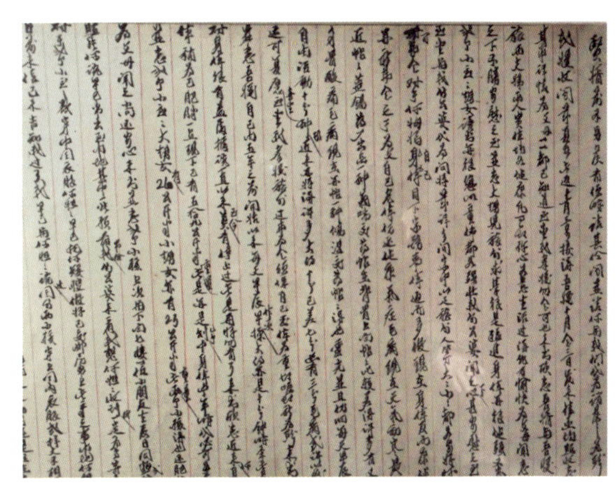

庄家女婿林连水寄自西班牙的家书

这样的中西合璧既是时代特色，也是宁波帮文化的体现。那些出外奋斗打拼的庄市人，勇于接受来自新时代的挑战和冲击，也善于从外来文化中汲取精华为己所用，在传统文化中融入了对西方文化的接纳，这些精神上的微妙变化和营造上的精微取舍，都在他们返乡建造的宅院中体现出来。

具有长远的关注世界的眼光，使得庄市这个海边小镇傲然矗立在浙东平原。如今，这里是浙东著名的侨乡，庄熙英的亲人遍布加拿大、西班牙、日本等世界各地，每年他们仍会回故里扫墓，看一看祖宅，这是对家的追寻，更是对故乡的持续不断关注和关怀。

二楼走廊

余馨绵延

庄东成有五子四女，人丁众多却乐善好施。大宅堂屋正上方悬挂大书匾额“积善堂”，意“荣名以为宝，积善有余庆”。庄东成一生“多积德、多做善事”，去世前给后代留下了保护大宅的家训。

庄宅庭院西侧，陈列着数只盛满檐前水的水缸，这些缸曾经是酿酒的酒缸。庄东成经营山货数年后，靠着自己的信誉创建了全兴行酒业，其产品酒香浓郁、口感香醇而远销上海等地。

“我们家的东西很多的，稍微整理，就是一大箱子。”庄剑华说。如今，父亲故去，他真正成为了庄宅的主人，需要对所有器物一一清点。这其中，包括很多他自己并没有用过的物品。如写有全兴行字样的全竹板雕花食盒等。“食盒是婚嫁之物，如果谁有需要，以后可以问我们借。”庄剑华说。

庄熙英宅是一部活生生的见证庄市老街历史的博物馆。“它是我们中华文化遗产的一部分，也是我们今天要大力提倡和确立的中国人文化自信源泉之一。”洪余庆说。

这些年，老宅需要不断地修缮维护。早前，修缮宅院费用，由父亲庄兆美出租家里其他房产“以房养房”。现在，庄剑华作为第四代传人争取早日申办第一家非国有民间博物馆，借助政府和社会的力量来为自己分担部分资金，更好地维护展示庄市共同的文化遗产，形象直观教育子孙后代。

跋

《庄市老街》是庄市街道党工委继《人文庄市》之后，编纂的第二部反映庄市人文历史的专著。自2021年春开始，组织作者查阅资料、采访人物、勘察实地、聚众座谈，获得了大量的史料和仅存在于老人们记忆之中的陈年旧事，又几易其稿，终成十多万文字。

庄市是一个临江滨海的小镇，在过去千百年的时光里，农耕岁月占去了大半，生产方式以农业生产为主，兼做零星的商业交易。这种情况和三千年来中国人的生存方式相一致，由此形成了稳定的家庭结构和社会结构。反复的迭代累积为传统，最核心的内容便是对生命意义、价值的诠释，以及将生存方式和技巧向下传递、升级。这个几乎看不出变化的演进——一代新人总是在重复上一代人的生活——这种稳定的空间人生模式，就物化在了他们的生存空间里：房舍、祠堂、道路、桥梁、市场、校庠、药店、商铺、作坊、埠头、戏台、井漕……物质的建筑、陈设背后是曾经的生产方式、生活方式和思想意识。这是庄市老街的历史，也是中国农业社会众多乡镇的缩影。

在最近的百年中，中国社会变化的脚步骤然加速，在急剧变化的时代

潮流中，跟随旧的社会结构、传统分崩离析的，还有旧的街市、建筑、陈设的变形、消失。这些曾经十分重要地存在于百姓生活中的东西，大多没有完整的文字记录、影像资料。目前它们尚存在于人的记忆中，可以想见，若干年后终将湮灭。本书的旨趣就在于抢救正在消失的民间历史，唤回睽违已久的乡愁，为探寻农业社会的后来者留下一些史料和线索。

本书追述了庄市老街一段因水而聚、聚而为市、疏浚河流、沿河筑屋、河岸成街、百业兴隆、人丁兴旺的简史。时间跨度，上溯至宋时庄（章）姓一族于此定居，开枝散叶，重点着墨于清末、民国至今的百余年的各式存在，分地理交通、工商业、人文、人居四部分描状，编写过程中，始终强调真实性、史料性和可读性并存。

然而，相较于老街漫长的历史和多姿多彩的业态，本书究竟还是一部走马看花式的白描。之所以如此，其中有一个重要原因，就是为以后继续进行分门别类的开采，留出空间。

在本书的成书过程中，一众采编付出了极大的努力。在初期的采访中，找到知情人，相对还是一件容易的事，无非多几次炎炎烈日下和雨里水里的奔波，但要听到连贯顺畅的表达，那就难了。无他，受访者最小的也过了70岁，老人出现记忆涣散、张冠李戴等种种问题，很正常，但这会让听者云里雾里、莫衷一是。反复地采访、比对、求证，甄别材料真伪，是采编从一开始就进行得最多的工作。其中自是少不了种种辛苦。本书的撰稿人是庄起训、庄德章、柯国强、徐志明、谢芬德、蔡菊香、崔雨、顾军宏、陈饰，插图朱语田、王赛赛。这里特别要提到庄起训、庄德章、柯国强，他们自幼生活于老街，现在都是年逾七旬的老人，他们既为本书贡献了部分章节，又多次接受采访提供素材，还为其他人的实地采访作向导。徐志明、桂维诚、温尚志、陈海荣、汤红梅参与了搜集甄别素材、核实细节和编辑的全过程，他们对本书的出版贡献颇大。

编　者

图书在版编目(CIP)数据

庄市老街 / 金燕主编. -- 上海 : 文汇出版社,
2022.9
ISBN 978-7-5496-3878-9

Ⅰ. ①庄… Ⅱ. ①金… Ⅲ. ①城市道路—史料—宁波
Ⅳ. ①K925.53

中国版本图书馆 CIP 数据核字(2022)第 166213 号

庄市老街

编　　者 / 金　燕
责任编辑 / 熊　勇
装帧设计 / 尚俊文化

出版发行 / 文汇出版社
上海市威海路755号
（邮政编码200041）
印刷装订 / 浙江全能工艺美术印刷有限公司
版　　次 / 2022年9月第1版
印　　次 / 2022年9月第1次印刷
开　　本 / 710mm × 1000mm　1/16
字　　数 / 181千字
印　　张 / 13.25

ISBN 978-7-5496-3878-9
定　　价 / 50.00元